教育部高校思想政治工作创新发展中心（上海建桥学院）专项研究课题（课题编号：SZZXKT2022003）

第五期江苏省职业教育教学改革研究课题（课题编号：ZYB568）

无锡市高等教育创新发展重点项目资助出版

新时代民办高职院校学生工作体系构建

张义俊　著

中国海洋大学出版社

·青岛·

图书在版编目 (CIP) 数据

新时代民办高职院校学生工作体系构建 / 张义俊著
. -- 青岛 : 中国海洋大学出版社 , 2024.3
ISBN 978-7-5670-3550-8

Ⅰ . ①新… Ⅱ . ①张… Ⅲ . ①民办高校—高等职业教
育—学生工作—研究—中国 Ⅳ . ① G718.5

中国国家版本馆 CIP 数据核字 (2023) 第 119713 号

新时代民办高职院校学生工作体系构建
XIN SHIDAI MINBAN GAOZHI YUANXIAO XUESHENG GONGZUO TIXI GOUJIAN

出版发行	中国海洋大学出版社			
社　　址	青岛市香港东路 23 号	**邮政编码**	266071	
出 版 人	刘文菁			
网　　址	http://pub.ouc.edu.cn			
电子信箱	184385208@qq.com			
责任编辑	付绍瑜	**电　　话**	0532-85902533	
印　　制	三河市龙大印装有限公司			
版　　次	2024 年 3 月第 1 版			
印　　次	2024 年 3 月第 1 次印刷			
成品尺寸	170 mm×240 mm			
印　　张	9.75			
字　　数	171 千			
印　　数	1~600			
定　　价	54.00 元			
订购电话	0532-82032573 (传真)			

如发现印装质量问题，请致电 18600843040，由印刷厂负责调换。

前言 PREFACE

　　2016 年，全国高校思想政治工作会议召开，发布了《关于加强和改进新形势下高校思想政治工作的意见》，为新时代高校开展思想政治教育工作提供了行动指南。2017 年，教育部党组印发《高校思想政治工作质量提升工程实施纲要》，提出加强高职院校学生思想政治教育要立足学生全面发展，建立健全规范合理、系统科学的十大育人机制。作为高等教育重要组成部分之一，高职院校要牢牢树立"立德树人"根本任务，以学生为主体，强化教育管理服务能力，打造高素质思想政治工作队伍，强化思想引领和价值引导，创新工作思路和方式方法，完善学生思想政治工作体系，努力建设全员全过程全方位育人格局，形成良好的育人机制。

　　高校肩负着国家人才培养之重任。学生工作作为学院人才培养工作的重要保障，关系到党的教育政策的全面落实，关系到学生素养的提高和实效，任重而道远。当前，我国高等教育事业尤其是民办高职教育飞速发展，办学规模不断扩大，招生人数逐年增加，给我国职业教育发展带来了机遇，也给传统的高校学生工作模式带来了巨大的冲击，传统学生教育管理模式已经难以适应当代学生的需要。面对新青年、新时代，我们必须创新与发展，改进民办高职院校学生教育管理模式。

　　无锡南洋职业技术学院是苏南第一所民办高职院校。办学 25 周年以来，学院不忘教育初心，立德树人，坚持职业素养教育与职业技能培养"双螺旋驱动"，培养学生全面发展；坚持教育教学一体化育人，培养出一批批高素质技术技能型人才。

　　本书以无锡南洋职业技术学院近 10 年的学生工作实践为基础，对民办高职院校学生工作进行全方位的梳理、归纳和总结，以期能为蓬勃发展的民办高职院校学生工作带来新的启示和借鉴。这些实践立足于工作实际，着眼于研究规律、总结经验、探索路径，从不同角度反映了学院学生工作实践探索的丰硕成果。本书契合了立德树人时代主题，汇集了多位大学生思想政治教育管理者和一线工作者的智慧结晶，既有教育实践，又有理论升华。

　　在撰写本书的过程中，笔者引用了一些专家学者的资料及见解，在此对他们表示诚挚的谢意。如果能对从事高职院校学生工作的同仁有所帮助，能为民办高职院校学生工作的创新与发展尽绵薄之力，那将是笔者莫大的荣幸。限于笔者的学识和水平，本书中可能存在一些错误，欢迎批评指正。时代在不断发展变化，思想政治工作每天都会产生新的问题，学生工作创新研究永无止境。

张义俊

2022 年 7 月

目录 / CONTENTS

第一章　新时代民办高职院校学生工作体系概论

民办高职院校学生工作队伍是学校坚持社会主义办学方向，全面贯彻党的教育方针，培养德、智、体、美、劳全面发展的社会主义事业建设者和接班人不可或缺的重要力量，也是学生工作的组织者和引导者。一支政治性强、业务性强、文化素养高、作风端正的学生工作队伍是学校教师和管理队伍的重要组成部分，能够有效加强学生政治教育，维护校园安全稳定，培养具有社会主义现代化建设创新精神和实践能力的高级专门人才，对促进学校发展具有重要意义。本章从新时期民办高职院校学生工作的定位、传统民办高职院校学生工作的方法和模式两个方面进行阐述。

第一节　新时代民办高职院校学生工作的定位

随着信息时代的到来，大数据技术和人工智能逐渐融入人们的生活，人们的工作和学习效率显著提高，生活质量也显著提升。在企业发展建设过程中，企业管理者积极引进现代化信息技术，为发展注入了新鲜的活力。作为技术人才的重要培养场所，高职院校应积极转变工作模式，充分发挥教学特色，注重个性化教育，为社会培养更多创新型人才。

学生工作的对象是学生，新时代民办高职院校学生的入学分数相对较低，学习基础薄弱。他们具有个性鲜明、创新意识强等优点，但同时部分学生也存在怕吃苦、以自我为中心、团队精神薄弱等缺点。高职院校对学生的培养目标有着特殊的定位，那就是要让他们经过大学三年的学习，成长为适应社会发展所需的高素质技术技能型人才。正因为教育对象自身的特质，学生工作也要因势利导，通过创新工作作风和内容，使学生工作真正成为学生放大个性、增长才干、健康成长的重要保障①。

在新时代，学生工作的功能发生了变化，时代已经赋予了其新的思想和内涵，只有认识到这一点，才能在瞬息万变的时代潮流中迎接挑战，抓住机遇，推动学生工作不断向前发展。

一、新时代民办高职院校学生工作的职能定位

（一）政治引导

民办高职院校的学生有着强烈的爱国情怀，在涉及国家主权和民族尊严的问题上表现出强烈的政治热情和民族自尊。随着经济全球化和知识经济时代的到来，政治素养在学生成长中的作用越来越重要，这是培养社会主义高素质人才的基本要求。因此，学生工作的政治引导功能应不断加强。学生工作要继续把习近平新时代中国特色社会主义思想贯彻到课堂、教材和学生心中，把理论学习作为新时代民办高职院校学生素质教育的一项长期任务。要运用多种教育手段和活动形式，引导学生高举社会主义旗帜，坚定理想信念，激发爱国热情，培养国际意识、创新意识和忧患意识，增强社会主义主人翁精神和历史责任感，提高政治思想觉悟和观察、分析、解决问题的能力。

（二）德育教化

"富强、民主、文明、和谐、自由、平等、公正、法治、爱国、敬业、诚信、友善"是社会主义核心价值观的基本内容，也是一个人立足社会应具备的基本道德素质。在信息时代，一个人更需要坚守美德，遵守道德规范。因此学生工作要高度重视德育作用，围绕学习宣传社会主义核心价值观，开展富有成效的道德实践活动。一方面，我们应该让学生了解"道"，即学习和掌握中华民族的优秀传统文化，接受道德观念。另一方面，要让学生实践"道"，即通过个人参与道德实践活动，产生内在的道德认知，树立高尚的道德情操，把道德观念转化为自觉的行动。德育是一项系统工程，需要学校、社区、社会和家庭共同努力。学

---

① 李迎新.探索新时期学生工作的新思路、新方法、新途径[J].陕西师范大学学报：哲学社会科学版，2003，5（32）：264-267.

生工作要积极拓展工作领域，建立学校与家长的联系机制，通过与家长的沟通搭建理解的桥梁。深化"两课"教学体系改革，将德育有效融入"两课"教学，真正发挥学生工作的德育功能。

（三）服务指导

从学生自身需求出发，全心全意为他们提供服务和指导，是新时代新的历史条件下民办高职院校学生工作的重要内容。服务和指导的质量将直接影响高职院校的声誉。根据民办高职院校学生的身心特点和社会需求，学生工作要贴近学生实际情况，逐步建立和形成新的运行机制，全面开展以就业、勤工助学、心理咨询等内容为主要方面的服务指导。要从就业政策、就业信息、求职技能培训等方面做好就业指导工作，举办校园招聘会和开设就业指导课程。加强勤工助学、国家助学贷款和保险理赔工作，切实解决学生学习生活中的实际困难。心理咨询中心要充分发挥作用，提高心理咨询质量，帮助学生消除心理障碍和心理困惑，确保学生健康成长。

（四）素养拓展

校园科技文化和社会实践活动是学校精神文明建设的重要组成部分，是学生健康成长的重要载体。学生工作要发挥素质拓展功能，开展丰富多彩的校园科学文化活动和社会实践，不断拓宽新时代民办高职院校学生的成长路径，弘扬人文精神和科学精神，提高学生的综合能力和文化品位。要进一步加强社团管理，引导青年学生积极开展以知识性、理论性、学术性、实践性为特色的校园科技文化活动，积极扩大学生参与，使社团真正成为学生学习和活动的重要组织。要重视社区文化建设，开展体现学生个性特点的宿舍文化活动，把学生公寓建设成为环境优雅、和谐文明的学习生活场所。我们要紧紧依靠校园科技文化建设，开展通识教育，培养学生的人才意识，使他们通过参与校园科技文化活动增长见识。我们要培养一批具有时代精神和创新意识的大学生代表，用榜样的力量带动学生不断追求真理，提高能力，走向成功。我们要在学生中提倡研究性学习，认真探索学分制教学条件下学习活动的特点，将课堂学习与社会实践有机结合，逐步培养学生的自学能力、实践能力和科研能力。我们应该把社会实践活动纳入学校教学的范围，使其成为学生增长知识、锻炼才智、发展自我的重要环节。

二、新时代民办高职院校学生工作的内涵定位

随着高职教育的不断发展和学生规模的不断扩大，内涵建设和特色发展逐渐成为高职院校发展的重要组成部分。随着中国经济进入新常态，创新创业已成为社会经济发展的重要引擎。如何培养学生适应社会经济的发展，如何帮助学生开发潜能，已成为高职院校可持续发展的重要课题。培养具有优秀素质和高端技能的人才是当今高职教育的主要目的，是高职院校教育课程理念的基础，也是高职院校学生就业指导的重要方向。高职院校学生工作作为高职教育改革的一种尝试，对促进服务型学生工作体系的发展起到了积极的促进作用。了解高职院校学生工作的背景和内涵等，有助于提高我们对学生工作的理性认识，更好地促进学生工作的具体实践。

（一）高职院校学生工作的背景

高职院校学生工作的推进不是空想，而是基于高职院校学生管理的发展。新的环境要求学生工作机制不断进行调试和创新。机遇与挑战并存。挑战包含发展机遇，抓住机遇也意味着迎接挑战。这就要求高职院校积极适应时代的要求，在发展过程中平衡办学规模和效益，注重办学质量和办学特色。高职院校学生工作制度的探讨正是基于这样一个背景。充分认识这一背景，有助于高职院校更好地开展学生工作。

1. 机遇与挑战：高职教育适应经济发展的时代要求

高职教育作为高等教育的一种，在促进高等教育大众化、服务经济社会发展、帮助个人成长等方面发挥着不可替代的作用。国家出台了一系列支持职业教育发展的政策，强调职业教育是国家教育体系和人力资源开发的重要组成部分，是广大青年走向成功的重要途径，肩负着培养多样化人才、传承技能、促进就业创业的重要责任。由此可见，高职教育迎来了新的发展机遇。高职院校作为培养技术技能型人才的教育载体，其核心工作是人才培养，人才素质是检验高职院校教育质量的试金石。结合当前我国经济新常态，如何提高高职院校学生的综合素质，使学生在就业后具有可持续发展的潜力，是一个必须考虑的问题。解决高职学生的发展问题，必须培养学生的综合职业能力，这关系到学生的成长成才，关系到高职院校的可持续发展。面对机遇和挑战，高职院校必须尽快转变观念，紧紧围绕"如何有效提高教育质量，培养符合企业要求、受到社会欢迎和认可的专

业技能型人才，提高学生的社会竞争力"这一核心问题，深入改革创新求生存、求发展。

2. 规模与效益：高职院校服务发展的客观需求

中国的高等教育已经从精英教育发展到大众教育。作为高等教育的重要形式和促进高等教育大众化的有效途径，升格后的高职教育迎来了新的发展机遇和挑战。目前，全国有1 000多所由中专升格为高职院校的学校，每所高职院校的质量和规模都发生了巨大的变化。拥有6 000至8 000名学生的职业学院非常普遍，许多学校有10 000多名学生。高职院校招生规模从近1 000人扩大到近10 000人，甚至超过10 000人。学校占地面积由原来的几十亩扩大到500至1 000亩。招生范围由省内向全国扩展，后勤社会化管理模式开始运作。对这样规模的学校进行管理，原有的基层管理体制无论是在管理力度还是在监督力度上都很难适应高职院校的发展。高职院校规模的变化必然会影响学校发展、学生管理、资源配置、体制结构、教育质量和管理模式的建立和运行。学生管理作为学校管理的重要组成部分，也面临着规模与效率的矛盾。传统的学生管理模式已经难以有序且有效地运作。管理过程中有突出的效率低下、重复劳动等矛盾，要求学校探索新的管理模式。实施学生工作管理，不仅可以缩小校级管理的范围，而且有助于发挥校级领导的宏观调控作用，使学校资源的配置从学校转向部门，充分调动部门一级学生工作资源的合理配置和充分利用，实现管理重心下移，形成高职院校学生工作模式。①

3. 质量与特色：高职院校内涵发展的自身诉求

经过几十年的发展，我国高等职业教育已进入质量内涵建设阶段。素质内涵建设的关键是提高人才培养质量。高职院校只有建立有别于普通高职院校和中等职业学校的独特的人才培养模式，才能在高等教育和职业技术教育领域获得生存和发展的空间。目前，我国高等职业教育的人才培养模式相对简单，人才培养水平较低，对人才培养的要求大多停留在学校层面。在此背景下，高职院校结合自身人才培养需求，积极探索自身的学生教育模式是必然趋势。

（二）高职院校学生工作的内涵

高职院校学生工作模式是对学生管理的探索与实践。要深入理解其内涵，

---

① 易善安.高职院校二级管理中的问题及对策研究[D].上海：华东师范大学，2007.

就必须理解其上层概念"管理"。不同的人对什么是管理从不同的角度有不同的解释。本书对管理的解释是，在一个组织中，相关人员适当地领导、组织和安排各种资源，以完成预定的目标和任务。无论从什么立场去理解管理，都有一些共同的理解要素：第一是组织，管理只能在集体或组织中进行；第二是目标，管理的目的是实现一定的目标，盲目的行动与管理是无效的；第三是资源，资源主要包括人力、财力和物力，管理离不开作为中介的资源管理；第四是效率，管理追求的是效率，付出最少，收获最多，体现管理职能。以上四个要素是不可或缺的。其中，组织是管理活动的场所，目标是管理活动的方向，资源是管理活动的依赖，效率是管理活动的结果。四者有机结合，构成了管理活动的基本内涵。①

随着高等职业教育的不断发展，为了更好地适应内涵建设，不断进行内部管理体制改革，一些高职院校开始从学校统一管理向二级院系管理模式转变。在互联网时代，学生工作是高职院校管理的一项重要工作。为了进一步适应时代的要求和满足学生的需求，高职院校应在学生管理过程中充分发挥二级部门的主动性。高职院校学生工作模式是一种不同于传统学生管理模式的新模式，其意义在于降低学生管理的重心，下放学生管理权力，真正建立起宏观调控、院系自主运行的新运行机制。高职院校学生工作模式也是一种不同于传统的基于党委学习工作部、学生办公室、团委等职能部门管理的一级管理模式的新模式。其目的是激发高职院校和院系学生的积极性和主动性，解决高职院校学生工作管理的动力机制，建立党委学习工作部等职能部门宏观调控和自主管理的运行机制，如学生办公室。基于此，我们认为院系学生工作是指高职院校在二级组织体系的基础上赋予院系一定的职责，根据职责的需要，下放部分人权、财权和产权，并将原来以职能部门为主体的管理模式转变为以院系为主体的学生工作管理模式，使院系在学院总体目标和原则的指导下拥有足够的权力。

（三）高职院校学生工作的特征

高职院校学生工作是学生管理的具体实践，有效推进这一实践需要理论的指导和对学生工作有一定的理性认识。其中，对学生工作特点的把握是保证工作方向的重要保证，也是对学生工作的有效把握。高职院校学生工作队伍需要冷静理性地思考，掌握理论特点。高职院校学生工作具有以下特点。

---

① 吴志宏，冯大鸣，周嘉方.新编教育管理学[M].上海：华东师范大学出版社，2000：4.

1. 清晰的管理层级

明确管理层次是落实学生工作的基本前提。学生管理自主权作为高职院校学生管理的重要力量，其关键是进一步下放学生管理自主权。其实质是高职院校行政生态的适应性改革，调整相关职能部门的管理职能、管理内容和管理权限，调整基层教学单位的权限，强化部门学生管理职责。这一过程既要符合科学管理的要求，又要符合职业教育的规律，进一步明确学校与职能部门、学校与部门、职能部门与部门之间的集中与分散，实现管理的扁平化。明确管理层次有助于明确责任主体，明确权责界限，实现高职院校学生工作的高效管理。

2. 合理的资源配置

合理的资源配置是实施学生工作的物质基础。归根结底，管理是分配资源的过程。高职院校在推进学生工作的过程中，将与学生工作有关的权力下放给二级部门，这对各部门合理配置资源提出了要求。各院系需要根据自身专业建设、学生特点、品牌活动等要素开发、配置、利用和形成资源。资源管理的权责下放不仅可以激发学生工作主体的积极性，而且有助于学生有针对性、有重心地开展活动，从而打造学生教育品牌，拓展和深化高职教育品牌的内涵和影响力。

3. 有效的目标管理

有效的目标管理是实施学生工作的有效途径。学生工作的推进必然会影响管理方法的选择。权力下放需要学校层面管理方式的转变，即从具体管理到监控管理，从直接管理到间接管理，实现从过程管理到目标管理的转变。有效管理的关键是选择要管理的目标。这些目标需要得到部门和学校的同意，而不是由上级发布或由下级宣布。在学院总体规划下，各院系应在专业建设、学生工作、教师资源、校企合作等方面形成各具特色的管理目标，以促进高职院校管理水平的提高。

4. 完善的评价机制

完善的评价机制是落实学生工作的重要保障。作为监测和管理过程的重要组成部分，评估也是一种重要的管理手段。评价机制是否完善直接影响到组织的运行状态。良好的评价机制可以促进组织效能的发挥，而不良的评价机制也会导致组织效能的丧失。学生工作需要相应的评价机制，其中，学校、职能部门和部门之间的评价关系是核心内容，可分为三个层次：一是学校对职能部门和部门的评价；二是职能部门对部门的考核；三是职能部门和部门内部的考核。三者之间是共生关系，部门的考核成绩也在一定程度上反映了学校和职能部门的管理水平。

（四）高职院校学生工作的原则

高职院校学生工作作为践行德育育人理念、探索人才培养模式、培育专业特色、形成品牌活动、建设以学生为中心文化的重要实践载体，发挥着重要作用。学生工作不是空中楼阁，而是依赖于一定生存和发展环境的管理模式。学生工作管理的实施应遵循以下原则。①

1. 责权相结合的原则

学生工作是组织职能的调整，不是对组织的颠覆。关键是学校和部门要设计一套科学的学生工作管理方案，明确各部门的职责和管理权限。在综合考虑学校特点、师生比例、专业设置、机构设置、管理人员数量和素质、管理体制、管理经验等因素的基础上，结合系制现状，借鉴成熟模式，牢固树立部门是责任中心的思想。其中，虽然责任中心是责、权、利的结合体，但责任是首要和主要的。学校应明确部门的职责，赋予相应的权力和利益。在没有明确部门职责的情况下，将管理权下放给部门是不合适的。不难看出，流程管理的相当一部分停留在学校的职能部门，管理重点没有真正向下转移，导致学校会议多，职能部门分配的任务多，部门要求多。随着学生工作管理的逐步推进和权责的重新划分，学校不仅要规范管理行为，还要进行有效监督，更要进一步明确学校、职能部门和部门的管理和工作职责，充分调动院系和全体教职员工的积极性和主动性，扩大院系管理学生的自主权，简化手续，有效地把日常工作管理的重点下移，实现权责一致。

2. 明确目标、分级管理原则

高职院校学生工作的实施既要符合科学管理的原则，又要符合职业教育的规律。学校要明确学生工作的总体目标，明确分级管理的层次，实施目标管理和部门流程管理，使各职能部门能够重点制定规章制度，履行服务职责，加强目标检查、监督、调查研究，逐步实现学校管理模式由过程管理向宏观调控的转变。学生办公室和团委是学校学生工作的职能部门。在学校党委的领导下，要对学生工作实行统一管理。部门工作要根据学校的总体要求，结合自身实际进行决策。同

---

① 张建琴.建立高职院校二级管理体制下学生工作机制的初探[J].考试周刊，2008（7）：154-155.

时，还要面向全体学生，落实具体计划，做好具体工作。在组织上，应本着精简高效的原则，成立学生工作办公室，与系党总支、团总支共同努力，集中精力开展工作；在人员配备方面，系团总支书记最好是专职的，以全面指导工作。分级学生的工作职责应该有相应的配套政策、操作规范和工作流程，否则会出现特定工作在学校和部门之间的重叠或推卸问题。

3. 绩效考核、目标管理原则

要进一步明确学校、职能部门和部门的管理和工作职责，坚持责、权、利相一致的原则，充分调动部门的工作积极性和主动性。学校要全面梳理各项相关工作程序，明确工作程序，落实职能部门负责解释和协调两级管理中存在的问题，加强制度落实和工作监督，逐步建立规范化、科学化的学生工作制度；调整全校学生工作的静态组织和动态运行功能，建立功能齐全、运行协调、灵活高效的管理体制和运行机制。要实现这一目标，必须突出重点，加强考核，实施目标管理。学校制定学生工作的总体目标，各部门也应根据部门特点制定二级子目标。学校应制定客观评估和责任制的细则，评估学生的工作表现。如果考核能够科学量化，应尽可能量化；如果不能科学量化，则应进行具体的定性分析，并将考核结果与晋升、评估和奖金分配挂钩。

第二节　传统民办高职院校学生工作的方法和模式

当前，大学生在认知、学习态度、人际交往、消费观念、目标追求、行为方式等方面都出现了新情况、新问题。民办高职院校学生自我管理存在以下三个问题：一是部分学生自学能力差，自控能力差，缺乏学习兴趣；二是过分依赖和加强学校管理，忽视家庭和社会责任；三是自我调节能力不强。

民办高职院校学生工作在创建和发展过程中，模仿和继承了公立高职院校传统的制度化管理经验，突出严格管理，但在管理上存在种种弊端：适应了办学初期追求办学规模和效益的发展理念的需要，追求管控型和统一管理模式，但形成了"管理第一、稳定第一"的学生工作指导思想和工作习惯，限制了学生个性的发展，不利于学生发挥创新思维。在管理观念上，主观因素较强，忽视学生的主体地位；在管理方式上，以行政制约为主，忽视学生参与的民主；在教育观念上，注重灌输教育，忽视情境体验教育；在教育形式上，以知识教育为主，忽视实践操作能力和知识综合应用能力的培养。此外，由于学生的家庭背景、家庭风格和家庭教育的不同，他们自身的素质和能力存在很大差异，一些人缺乏自律能力和学习生活规划能力，这也对学校教育管理提出了新的要求。

随着经济全球化、社会信息化、文化多元化和价值多元化的发展，以及我国高等教育由精英教育向大众化的发展，传统的学生工作已经无法适应高职院校当前越来越多的工作形势问题。

首先，高职院校的工作可以分为三类：教学、科研和管理。教学和科研是中心工作，二者相辅相成，是一个有机的系统；管理工作围绕这两个中心展开，是教学科研质量和效率的保证。然而，高职院校严格划分教学、科研和学生工作，忽视了三者之间的联系，限制了学生工作的信息流和资源共享。这种分工使得高职院校的机构设置烦琐、重复，无法充分利用资源，给学生工作者带来了大量不必要的工作，导致学生工作效率低下，无法实现促进学生全面发展的发展目标。其次，高职院校学生工作团队作为教师队伍的重要组成部分，承担着教育、管理和培养学生的重要使命。然而，一些高职院校对学生工作重视度不够。过分注重教学和科研，使学生的工作服从教学和科研，过分注重学生的成绩，忽视学生思想道德、人生价值观、创新意识等隐性素质的培养，没有真正了解学生的发展需求，使学生被动接受教师的灌输，从而导致学生的逆反心理。这种教育方式没有考虑到当前高职院校角色的转变。当代大学生正逐渐成为学生工作的主体。高职院校学生工作应以服务学生为宗旨，通过对学生工作的监督，保护学生的主体权利。要科学地看待学生工作，系统研究学生工作，总结以往学生工作经验，根据发展需要培养学生工作能手，提高学生工作者的综合素质，加强学生工作队伍的专业化、科学化建设，并避免在教育实践过程中缺乏系统性和专业性。

第二章　新时代民办高职院校的理论指导体系

高等职业教育是我国职业教育的重要组成部分。它肩负着培养适应生产、建设、服务和管理需要的高技能应用型专业人才的使命。大力发展职业教育，提高高等职业教育质量，是我国高等职业教育发展的永恒主题。民办高职院校是高等职业教育的重要形式和载体。它们承担着为区域经济发展和产业转型升级输送技术和技能人才的重要任务。他们是提高国民文化素养、职业素养和职业能力水平的重要力量之一，对我国高等教育的发展有着举足轻重的作用。[①]新时代发展民办高等职业教育的实质是把它作为教育发展的重要增长点和促进教育发展的重要力量。

民办高职院校是公立高等职业教育的补充，国家对其给予政策鼓励、支持、保护等。民办高职院校包括民办性质的学校和机构，与公立高校办学有两种不同的政策和两种不同的资源配置制度，导致了两种不同的社会身份。这是我国高等教育在办学过程中的"二元结构"框架，也是培育民办高职院校办学"二元思维"的平台及其机制基础，使民办高职院校有"国家机构以外的社会组织或个人，使用非国家财政性经费，面向社会举办学校"[②]的身份。因此，本章主要论述了民办高职院校"二元思维"的概念、民办高职院校"二元思维"的渊源分析、民办高职院校"二元思维"的办学取向分析，以及民办高职院校"二元思维"对学生工作体系构建的引导。

第一节　民办高职院校"二元思维"概念

民办高职院校在办学之初和办学过程中，面临着如何认识职业教育的本质

---

① 胡卫.民办教育的发展与规范[M].北京：教育科学出版社，2000：2.

② 摘自《中华人民共和国民办教育促进法》。

和属性、把握职业教育的规律和现象、如何全面认识民办教育政策的特殊性和导向性、如何准确运用民办教育政策筹集办学资金、如何使学校在服务社会公益方面更加突出投资者和经营者办学思想的影响等问题。民办高职教育"二元思维"的出现是民办高职教育发展的必然结果。研究和深化民办高职教育中的"二元思维"是民办高职院校办学主体包括投资者、经营者和管理者的必修课程。

一、民办高职院校"二元思维"的界定

思维是人脑对客观现实的概括和间接反映。它反映了事物的本质和事物之间的规律关系。思维的普遍性体现在它拒绝了一类事物的非本质属性，反映了它们共同的本质特征。根据这一原则，我们认为民办高职院校的"二元思维"是民办高职院校通过个人实践和对民办办学特殊现象的特殊认识而凝聚起来的民办高职院校办学思想。

（一）什么是民办高职"二元思维"

思维影响行为，行动折射思维。所谓民办高职"二元思维"是指，由于国家教育政策对民办教育的规定导向，民办高职院校需要"利用非国家财政性经费"[①]办学，其办学路径是自筹资金、自主办学、自负盈亏，由此催生出两个思维模块：一个是办学公益性思维，即办学服务社会，实现社会效益；另一个是经济思维，即如何筹措充足的办学经费，保障办学质量。换句话说，民办高职院校的"二元思维"是举办者的办学主观能动性与民办范式下的办学现象的辩证结合，其核心是民办办学的"效益思维"。"效益思维"中的"效益"指的是民办高职院校办学所产生的社会效益和经济效益。这两个"效益"就是民办高职院校办学发展的出发点和归宿。

恩格斯指出："当我们深思熟虑地考察自然界或人类历史或我们自己的精神活动的时候，首先呈现在我们眼前的，是一幅由种种联系和相互作用无穷无尽地交织起来的画面，其中没有任何东西是不动的和不变的，而是一切都在运动、变化、产生和消失。"[②]因此，要认识民办高职"二元思维"，就应该研究其内核结构的相互作用关系。民办高职"二元思维"的内核结构要素包含"两服务、一坚持"，即"办学服务社会、经费服务办学，坚持教育的公益性"。民办高职"二元思维"内核结构的两个思维模块形成有机组织，互为一体、相互联系，各成体

---

① 摘自《中华人民共和国民办教育促进法》。

② 中共中央马克思恩格斯列宁斯大林著作编译局.马克思恩格斯选集（第3卷）[M].北京：人民出版社，1995：60.

系、相互支撑，充满着辩证关系。

民办高职"二元思维"的两个思维模块的相互关系如下。

1. 合作

两个思维模块之间具备统一的认识和规范，为达到共同目的，彼此相互配合，采用一种有机联合行为应付办学过程中遇到的各种困难和阻碍，完成一致的既定目标。"办学服务社会"是民办高职"二元思维"的核心理念。"经费服务办学"是民办高职"二元思维"保障办学的根本路径和方法。"坚持教育的公益性"是民办高职"二元思维"的首要要务。"办学服务社会""经费服务办学"和"坚持教育的公益性"是民办高职"二元思维"机理合作的三角形互通、互惠、互利的支持要素。

2. 依存

两个思维模块均具有合作依赖的生存和发展的基础，在相互作用空间上的最佳配合距离，时间上的准时、有序合作等都有其依存的条件。当然，两个思维模块的依存需要外部条件支撑，如必要的办学资源（管理机制、生源规模、师资水平、教学设备、文化氛围等）、相应的教育政策引导、区域经济发展的导向、地方政府支持、人才市场需求和行情标准。充足的办学资源和外在条件是两个思维模块中视对方为己的依存与合作能顺利进行的基础。两个思维模块的依存环境和氛围是民办高职"二元思维"构成要件的基础和保障。

3. 相互依存

两个思维模块不可分离、相互依靠、相互信赖的合作态势固化坚定，创造相互理解与支持的良好气氛是有效合作的重要前提。两个思维模块的相互依存性是相互作用的变量之一，例如，举办者需要以经济的眼光、市场的视阈来设计、安排、处理办学内外的一切问题，同时，需要办学的社会效益来支持，包括社会认同。办学需要赢得社会赞誉，而社会的认同和赞誉则是由办学特色、办学质量、办学效益来实现的，其背后需要强有力的办学经费支撑。只有两个思维模块相互依存，民办高职"二元思维"在办学初始和过程中才能发挥自有的功能作用，创造出理想的标志性成果。

"任何一个正确的理论认识都是对某一客观事物的某种程度或发展过程的某一阶段的本来面目的反映。"①民办高职"二元思维"是民办高职院校办学在民办

---

① 郑祥福，王琨，王朝增，等.马克思主义哲学教程[M].上海：生活·读书·新知三联书店，2001：254.

教育政策框架中运作及市场经济中实践的反映，是民办高职院校在举办过程中面对人才培养与社会需求对接的压力及自身生存与发展的经济风险挑战的反映，是民办高职院校为解决办学服务社会与经济创收服务办学两项主体任务凝练出的办学思维模式，是民办高职院校在国家民办教育政策的框架内、民办办学体制的影响和约束、办学外部环境与内部教育管理实际的融合、长期办学实践的体验等要素中凝练出的理论概括。它是民办高职院校的举办者和经营者长期的民办办学实践、探索和研究的智慧结晶，更是其办学发展的指导思想。当然，"人的认识是从实践产生，为实践服务，随实践发展，并受实践检验的"①。所以，民办高职"二元思维"依赖于实践，受实践检验。

（二）民办高职"二元思维"的特征

民办高职院校的"二元思维"从办学的现实条件出发，追求"办好学校"的信念，适应社会需要，以人为本，以市场为导向，按照职业教育规律审视和设计学校的发展道路，引领民办高职院校的发展方向，创新学校管理策略和措施。其基本特征如下。

1. 针对性

任何思维都有其原始的针对性。民办高职院校的"二元思维"有其内在的适应范围，具有民办高职院校办学的现实和规律所产生的原始思维的针对性。民办高职院校的"二元思维"是对民办高职院校在整合外部环境和内部教育实践以及长期办学实践经验中凝聚起来的办学态度和民办职业教育理论的总结。它直接、积极地引导和规范民办学校的办学行为，从而提高教育教学水平，提升人才培养质量。

2. 概括性

民办高职院校"二元思维"的形成是指民办高职院校的发起人和经营者对高等职业教育的规律有一定认识的现象。这一认识具有广泛而深刻的普遍性，孕育了符合职业教育规律的民办高职院校办学理念。他们不断改革和创新办学体制、机制和行为规范，使学校沉淀出既符合民办办学文化，又符合职业教育法规、依法办学理念的办学理念，高职院校制定了高层次人才培养方案，为培养具有较强创新能力和社会服务能力的技术技能型人才做好思想准备。

---

① 马克思主义基本原理概论编写组.马克思主义基本原理概论[M].北京：高等教育出版社，2015：65.

3. 客观性

民办高职院校的"二元思维"是对民办高职院校发展的客观现象的本质或特征的整体认识、理解和解读，有其相应的客观认识深度和广度。民办高职院校的办学定位和发展战略规划、内部治理和流程管理、人才培养水平和规格，都要保持与地方经济社会发展需要高度契合的思想，努力为社会服务，培养符合现代职业教育要求的技术技能型人才。

4. 逻辑性

民办高职院校的"二元思维"诠释了民办高职院校办学现象的信息内容，体现了其作为抽象理论认识的概念，其核心思想的探讨和概括遵循一定的规律，具有一定的形式和内容，并按照一定的方法和手段进行。而组织者和经营者坚信，只要我们遵循并坚持以民办高职院校的"二元思维"为办学指导思想，就能取得与外部需求（地方经济社会发展的需要）相一致的优质标志性办学成果。

（三）民办高职"二元思维"的办学原则

在事物发展的过程中，规律揭示了事物运动和发展中的本质、必然和稳定的联系。民办高职院校的"二元思维"遵循职业教育教学规律，遵循现代职业教育法规体系、标准体系和运行机制的规律，坚持和促进自身办学发展的原则，并构建了一条办学路径。

1. 公益原则

民办教育是一项公益事业。民办高职院校的"二元思维"贯彻党的路线、方针、政策，同党中央保持高度一致，贯彻国家教育方针，坚持正确的办学方向；遵守法律法规，坚持办学服务社会，加强教育管理，保证教学质量；充分发挥民办学校的优势，坚持产教结合、校企合作，加强学生职业素质教育，以就业为导向，培养学生的各种技能和专业知识，使学生的职业心理健康发展并成为国家建设需要的技术技能型人才。

2. 经济性原则

一是民办高职院校的"二元思维"支持积极开拓多种筹资渠道，筹集一定的办学资金，以保证正常办学活动的需要，保证办学质量水平；二是民办高职院校的"二元思维"从经济角度设计、制定和管理办学资源，如办学场所、教学设备、师资水平、学生数量和质量、教学网络智能化规范、后勤保障、管理水平。

坚持办学的经济原则是发展办学"二元思维"的基础和前提，也是解决办学过程中一切问题的出发点。

3. 自主性原则

民办高职院校的"二元思维"主张坚持自主办学原则是国家教育政策赋予民办高职院校的权力。民办高职院校享有依法办学的自主权，并坚持以下原则：坚持社会责任办学，服务社会；坚持独立健全的治理结构，内部运作顺畅；坚持独立办学条件标准和办学行为规范；坚持独立规范的资产和财务管理，实行公开民主的校务管理；坚持优良的办学质量、良好的社会信誉，办好人民满意的职业教育。自主办学原则也是民办办学的基本要求——根据每所学校的办学能力、办学规模和办学属性，自主管理和发展学校的一切。

4. 服务性原则

民办高职院校的"二元思维"遵循教育规律，坚持公益办学，转变教学思想，改革教学内容，注重学生素质和能力的培养，提高学生的社会适应能力；注重师德修养，提高办学的实际能力、水平和质量，培养适应市场经济发展需要、参与国际市场激烈竞争的技术工人和一线建设者。办学为社会服务是民办高职院校"二元思维"的出发点和归宿。民办高职院校的一切办学行为都以"办学为社会服务"为核心。

二、民办高职"二元思维"的办学理念

办学理念是学校的灵魂，是引领学校改革与发展的旗帜。它包括学校的办学宗旨、办学目标、办学策略等方面。先进的办学理念对内是凝聚力、向心力，对外就是核心竞争力。只有明确办学思路，确立先进的办学理念，才能推动学校的全面和谐发展。办学理念通俗地说就是办学的出发点，具有一定的价值观。[①]

民办高职院校的"二元思维"是民办高职院校办学理念的根本依据。之所以认识到这一点，是因为其办学思想符合民办办学规律，具有民办办学的前瞻性、超越性、规范性和创新性。它反映了民办高职院校的规律性、真实性和可行性，是民办高职院校的纲领性思维意识，是民办高职院校发展的灵魂，是引领民办高职院校实践的动力源泉。民办高等职业教育"二元思维"办学理念包括以下几点。

---

① 刘汉良.树立先进办学理念，促进学校和谐发展[J].中小学校长，2013（5）：19-20.

（一）教书育人的理念

育人理念是民办高职院校在"二元思维"中对培养什么样的人、如何培养人的理性思考和认识，是民办高职院校办学理念的核心。树立"以人为本，德育第一"的教育理念，就是要坚持德育的首要地位，坚持社会主义办学方向，把培养德、智、体、美、劳全面发展的人放在首位。民办高职院校构建并实施"专业知识、专业能力、专业素质"三位一体的培养模式，科学设计了人才培养方案，明确了学生的综合素质目标、基本知识目标和基本技能目标，制订了以思想品德、心理健康、修养教育、礼仪知识、公共关系知识、就业指导为主要内容的职业素质培养计划，对学生实施阶段性、层次性、针对性的培训教育。

（二）人才质量的理念

人才素质观是民办高职院校追求的目标境界，即对办什么样的民办高职院校的思考和信念。它直接关系到民办高职院校自身的发展方向、使命和责任义务的选择，也直接影响到民办高职院校职能、角色、目标和任务的确定。民办高职院校确立了以"特色、精品、品牌"为核心的质量观，即始终坚持内涵发展，坚持改革创新，坚持充分发挥民办新体制机制优势，坚持走"人""特""新"的发展道路；即充分发挥办学优势，注入质量活力，形成鲜明特色，增强竞争力；即坚持开发高质量的产品，不求大而全，而求特而精，不求大而求优；即坚持学校人才复兴，坚持走国际化道路，积极适应高等职业教育国际化趋势，逐步走向世界。

（三）科学管理的理念

民办高职院校的"二元思维"强调民办高职院校的科学管理观是"严、精、精"的结合。民办高职院校的管理理念是一个具有相对稳定性、连续性和方向性的管理思想体系。与其他组织的管理相比，民办高职院校的管理尤为特殊。它是以人才培养为中心，以知识为中介，各种资源要素有机结合的管理活动。其核心是以人为本、依法办学、民主管理、科学管理，其根本宗旨是培养高素质、效益型人才。这里的效益主要是指充分利用民办高职院校的各种资源，降低成本，提高管理效率和社会效益。

（四）服务社会的理念

民办高职院校与其他高校一样，以公益为发展旗帜，肩负着为经济社会发展服务的历史使命。首先，公益性是民办高职院校构建"二元思维"内涵的重要基础和前提之一，也是民办高职院校的定位和生命力所在。民办高职院校坚持办学、服务社会的价值理念，同时还从经济角度筹集学校资金，做好经济创收工作，作为自身发展的基础。二是民办高职院校要充分发挥办学主体作用，加强内涵建设，促进产教结合、校企合作，激发办学活力，提高民办高职院校的人才培养能力，更好地为地方经济社会发展服务，满足行业发展需要。

三、民办高职"二元思维"的办学品质

民办高职院校在扩大教育资源总量、满足社会差异化教育需求、弥补国家教育投资不足、促进教育公平、促进教育开放和教育体制改革等方面发挥着重要作用。民办高校的办学规模不断扩大，已成为我国教育产业发展的重要组成部分。然而，办学质量是实现民办高职院校可持续发展的关键。民办高职院校的"二元思维"认为，民办高职院校的办学质量具体体现在其办学功能上，这与高等教育的功能是一致的。一般来说，高校的职能主要体现在三个方面：人才培养、科学发展和社会服务。[①]然而，高等职业教育有其特殊的职能，尤其是在高等教育体系里的民办高职院校为了自身的生存和发展，更注重办学品质的凝练。

（一）社会效益与经济效益并重

民办职业教育作为一项公益事业，其宗旨是教育人和培养人。民办高职院校的"二元思维"是有效解决民办高职院校发展中社会效益与经济效益矛盾的有效办学理念。在资金短缺的情况下，民办高职院校从"二元思维"的角度，实现低成本高效运行，并在机制和体制上创新办学模式，使社会效益和经济效益同步发展。民办高职院校在办学过程中，把教育效益放在首位，以促进教育的发展，保证学生的健康发展。在此基础上，社会效益应放在第二位，遵循社会效益规律，把经济效益放在第三位。民办高职院校只有具备良好的教育效益，其社会声誉才会高，学生的就业前景也会乐观，社会效益才会日益显著，经济效益才会相应提高，从而形成良性循环。

（二）构建人才培养的逻辑结构

民办高职院校"二元思维"人才培养逻辑结构的内涵有三个方面：一是调查判

---

① 周川.高等教育学[M].南京：南京师范大学出版社，2015：79.

断市场的人才需求。民办高职院校将在办学中进行持续、广泛、深入的市场调研，了解经济社会发展趋势、劳动力市场需求、职业岗位要求、技术应用现状以及区域经济社会发展和产业科技进步的发展趋势，以便"了解"学校。第二，学科专业培养符合市场需求的人才。根据经济社会发展对人才的需求和高职院校所在地区劳动力市场的需求，民办高职院校根据市场需求配置的原则，新建专业，深化现有专业，确定人才培养规格，投资相应的教学基础设施。第三，人才符合市场需求。民办高职院校深化教育教学改革，创新人才培养模式，充分利用社会物质资源和智力资源，依托工业企业，实施"双证制"和"多证书"教育，培养适应市场需求的技术技能型人才，努力提高毕业生的实践技能、专业素质和岗位适应能力，同时提高教育教学质量和人才培养质量，从而提高其就业能力、就业竞争力和就业率。

（三）专业设置与岗位技能对接

专业设置的准确性是民办高职院校发展的生命力所在。从宏观上看，专业设置是教育与经济之间的桥梁，是社会需求与实际教学工作之间的关键环节，是民办高职院校服务社会发展、适应经济建设的出发点和归宿。从微观上看，专业设置是受教育者直接就业的纽带，是民办高职院校一切教育教学活动的主要基础。它影响着民办高职院校的建设和发展，制约着教育教学的目标、过程和结果，是教学工作的逻辑起点。因此，科学合理地设置专业，既是实现民办高职院校教育培养目标和特色的基础工程，也是民办高职院校人才培养的核心理念。根据区域经济发展的要求，灵活地调整专业设置，是民办高职院校的重要特色和法宝。民办高职院校应根据高等教育行政部门发布的专业人才培养规模、就业和供需的变化，及时调整和优化专业结构布局。同时，要及时跟踪市场需求的变化，积极适应区域、行业经济社会发展的需要，根据自身办学条件调整设置专业。

（四）人才培养质量与服务社会同步发展

人才培养质量涉及民办高职院校的具体发展方向，以及民办高职院校整体发展的价值追求和理性认识。它决定了民办高职院校的教育行为，引导了民办高职院校的发展方向，定位了民办高职院校的品牌形象。人才培养对办学特色的形成具有重要的选择导向、激励和调节作用。特色鲜明的高职院校是教育理念和办学理念的具体表现形式，具有较高的社会知名度和社会认可度。民办高等职业院校"二元思维"在充分调查市场需求的基础上，科学设置专业，大胆转变办学方式，加强职业教育与经济社会同步发展，特别是与区域经济发展的密切联系，突出职业教育服务地方经济社会发展的特点，突出学生实践技能的培养。民办高职院校的"二元思维"是民办高职院校创建和发展的核心。在理解内涵、把握原则的基础上，努力实现办学模式的开放性、培养目标的复杂性、专业设置的市场性、教育教学的实用性、实训模式的先进性。

四、民办高职"二元思维"的办学目标

民办高职"二元思维"认为，民办高职院校应主动适应区域经济发展需要，以就业为导向，坚持人才质量第一，积极打造名师团队，坚持开放创新，提高服务社会能力，满足社会需要。不断实现办学的目标，进一步实现跨越式发展，才是民办高职院校的必由之路。

（一）坚持办学与区域经济发展需要对接

民办高职院校要服务地方经济、社会建设发展，培养符合高质量需求的各类专业技能型人才。首先要明确的是学校的办学是为学生和家长服务，满足学生和家长对教育的期望和需要。民办高职院校学生是受教育者，是特殊形式的教育消费者，也是教育投资者。对民办高职院校学生进行这种角色定位，是新的办学理念和教育理念的体现。民办高职院校的建造者是高职教育这一社会服务行业的服务提供者，民办高职院校的学生及其家长是教育服务的消费者和服务对象。因此，民办高职院校贯彻"以服务为目的"办学方针的出发点和核心是为学生提供服务。

（二）坚持办学以就业为导向，突出学生与工作岗位的有机结合

以就业为导向的办学方向由高职教育的本质内涵决定。职业教育的本质特征是为了取得某种社会职业资格的教育。高职教育的本质是面向直接就业的教育。就业实质上是人与职场的有机结合，真正的结合需要自觉的选择，自觉的选择是指对高职教育的"职业自觉"。

（三）注重办学质量、坚持办学能力全面发展

创新工程和学校合作的结合是合规的，根据教育规则、学生特征和专业类型，我们采用了灵活的教育方法，如细分培训。我们将增强教育标准的构建，建立职业教育的质量评估机制，并建立和改善参与行业企业、雇主和第三方组织的机制。

一是坚持教学与校企合作相结合。民办高职院校的职业化教育教学需要通过多种形式的校企合作，实施产学结合，进而有条件地促进产学研结合。民办高职院校教育与现代化的生产劳动相结合的发展趋势，必将伴随着与科学研究相结合。在民办高职院校的实际工作中，产学合作、校企合作主要是寻找专业对口的岗位和任务，作为整个教学计划中专业教学的实践环节、职业实训来安排，其主要目标是提高学生的专业实践能力，着眼点放在专业学习水平、职业实训能力、社会适应能力以及人才基本素养的提高上。

二是坚持名师队伍建设。人力资源是民办高职院校的第一资源。民办高职院校要积极实施人才强校战略，重视教师的培养学习和继续教育，加大高层次人才引进，加强学术带头人和骨干教师的培养。积极实施大师工程，努力打造一批数量多、质量高、在国内外具有较大影响力的大师团队。深化人事分配制度改革，努力建立科学有效的激励约束机制，营造尊重知识、尊重人才、尊重劳动、尊重创造的校园氛围，建设一支高素质的教师队伍。

三是坚持人才素质第一。坚持人才质量是民办高职院校的首要任务，是民办高职院校坚持以服务为宗旨、以就业为导向的根本之路和根本保障。民办高职院校应以民办高职"二元思维"指导和统领学校工作大局，正确处理民办学校与开放式创新的关系、规模与结构的关系、质量与效率的关系、教育与科研一体化的关系、培训与教育教学实践的关系、职业与理论教学与实践教学的关系；坚持以社会需求为导向，以教学为中心，以专业建设为龙头，以改善办学条件为基础，积极推进各方面办学建设，实现民办职业院校教育跨越式发展。

（四）开放创新是民办高职院校生存发展的不竭动力

民办高职院校应发挥学校根植地方经济社会和地方文化的沃土，在地区、行业和企业环境中推进开放创新的优势，促进民营高职院校发展；坚持多元化教育，积极探索中外合作办学的新模型，加强国际交流与合作，吸纳各方人才，集中精英智慧，促进学校的跨越式发展；遵守办学的规则，锐意创新，并积极推动民办高职院校和社会企业对接，加强民营高职院校的发展。民办高职"二元思维"认为，只有"坚持开放、加强基础、加强应用，注重能力，提高质量"才是民办高职院校战略发展的基础。

（五）服务社会是民办高职院校的责任所在

服务社会是民办教育发展的出发点和归宿。民办高职院校要牢记历史使命和社会责任，积极参与区域经济和社会发展以及工业的转型升级建设，建立民办高职院校教育培养技术技能型人才的教学目标。民办高职院校教育不仅要注重传授知识的基本理论，更要注重实践知识的要求，加强学生的实际工作能力，培养高质量技术技能型人才，在服务中实现价值，在服务中获得支持，建立服务地位。

（六）培养高素养、高水平的技术技能型人才

民办高职院校要坚持"校企互动、产教对接、学做合一"的办学理念，适应区域经济结构调整和产业升级的高技能人才的需求，根据生产建设服务和高科技产业为主体的要求，通过优化专业结构加强内涵建设，构建工学结合、校企合作、顶岗实习的人才培训模式，提高人才培养的质量。第一，把握精确定位的内涵，深化改革教学质量保证，结合行业企业发展趋势，关注人才市场需求动态，实施"三全"，即全部的专业人才培养方案进行优化，全部统一更新课程标准，全部职业养成教育课程，完成人才培养标准的优化。第二，重视将人才培养质量、安全教育过程作为一个整体。在坚持"学中做，做中学，学做统一，学训一体"的基础上，民办高职院校要按照"真设备操作、真项目训练、真环境育人"要求，培养高质量、高水平的技术技能。第三，积极开展全面、深入和务实的校企合作，构建"学校＋科技园区""专业＋大型企业""专业＋龙头企业＋企业联盟""专业企业基地＋学校"和"专业＋行业协会"五种典型的合作模式，构建合作办学、合作育人、合作就业、合作发展的校企合作平台。

五、民办高职"二元思维"的功能

马克思说："观念的东西不外是移入人的头脑并在人的头脑中改造过的物质的东西而已。"[①]民办高职"二元思维"是建造者对高职教育的性质、职能和学校办学使命、目标及其与社会关系接触等一系列基本问题的理性认识、理想追求、实践总结。民办高职"二元思维"的功能可以概括为以下几点。

（一）规范民办高职院校的办学行为

民办高职"二元思维"坚持主动适应经济和社会发展的需要。民办高职"二元思维"坚持学校教育理念、深化改革等内部治理机制的自我诊断和修复的发展

---

① 中共中央马克思恩格斯列宁斯大林著作编译局.马克思恩格斯选集（第2卷）[M].北京：人民出版社，1995：112.

道路，以及规范管理工作秩序和专注于整合教育教学质量教育和培养人才和技能，坚持结合问题和需求导向，创造人文素养、专业精神和专业技能为一体的教育文化，使学校定位准确、专业特点、社会服务能力，综合办学水平，与当地的经济和社会发展需要相适应。

（二）具备"主动作为"意识

首先，主动调研。民办高职"二元思维"具有"主动作为"意识，提高学校发展的针对性和有效性，积极研究经济和社会发展形势下行业企业转型升级情况、人才市场发展趋势，加强"活跃"的意识，激活心理教育创新和发展；在学校注入新的精神元素，追求新的、更好的可能性。

第二，主动服务。作为学校的治理和管理概念的更新扩展，办学思维的广博开启、战略视野的有序扩展，民办高职"二元思维"关注全球，服务于社会和民办高职院校的教育资源、能力资源、创新资源，主动改革传统教学，创新教学结构转型升级，注入新的教学成果，与地方经济发展需要人才培养对接规范，服务经济社会发展。

第三，主动创新。民办高职"二元思维"密切关注新经济、新产业和新形式，与"应用为主，需求导向、产业引领"为目标，发展专业发展策略，提高竞争能力的人才培训、占领更广泛的专业服务市场。专业建设按照"保持优势专业，发展专业特点，巩固基础专业，支持新兴专业"的原则，建立"精、透、强"的专业，协调教学、科研和社会服务。

（三）诠释民办高职院校的社会作用

民办高职"二元思维"认为，民办高职院校在社会、经济、文化、教育各领域发挥了巨大作用，具有积极的作用，为国家排了难，为父母解了忧，为青年铺平了道路，进行了教育改革。

首先，为国家承担社会责任。民办高职院校在进行不同类型和内容的教育过程中，重要的是要充分吸收社会资金投入教育事业，客观上减少了国家教育投资的压力。民办高职院校尊重教育市场需求，尊重学习者个人意愿，试图解决教育供求矛盾。民营高职院校教育发展弥补了国家职业教育的不足，在适应市场需求方面发挥了不可替代的作用。

其次，为学生的父母消除后顾之忧。民办高职院校在消除家长担心子女上不了学的担忧、解决学生无技能找不到工作等方面发挥了积极作用。民办高职院校为数千万求职学者提供了接受高等职业教育的机会，为稳定社会秩序、缓解就业压力、促进社会和谐家庭、促进社会和谐发展做出了贡献。

第三，为中专学生、高考后学生和社会青年人才提供了职业教育机会。民办高职院校让广大年轻人拓宽了学习道路，增加了对不同教育的选择。第一，很多年轻人通过在民办高职院校学习，获得了大专或本科文凭，还有一些考上了研究生继续学习，为继续找工作打下了基础。第二，民办高职院校类型较多，其专业和课程设置与市场经济密切相关。通过学习，学生普遍掌握一项技能，基本能实现就业。这为年轻人实现人生转型、服务社会、创业成功创造了条件。

第四，为教育体系创新做出了重要贡献。职业教育融入了民办院校教育体系，对职业教育的模式进行了创新，职业教育在学校系统、运行机制，经费统筹、管理模式、人员就业、专业设置、教学内容、教学方法、物流管理、招生就业等方面改变了过去单一的系统机制。

第二节　民办高职院校"二元思维"的渊源分析

民办高职"二元思维"是引导民办高职院校办学发展、服务国家经济发展、服务高等职业教育的民办办学思维。它与职业教育的社会需求、民办教育政策的影响和导向以及民办高职院校自身办学的经济性存在一定的渊源。

一、与职业教育发展的渊源

如今新一轮科技革命和产业变革与我国加快转变经济发展方式形成历史性交汇，国际产业分工格局正在重塑。新一代信息技术与制造业深度融合，引发了影响深远的产业变革，形成了新的生产方式、产业形态、商业模式和经济增长点。国家经济发展的综合需求与制造业深度融合，加上新一代信息技术如"互联网＋"的参与融合，将会引发区域性产业结构转型升级，呈现出新的生产方式，新的产业形态和经济增长点将会出现链条式效应，给职业教育提供了良好的契机和发展空间。"职业教育需要产教融合、特色办学。同步规划职业教育与经济社会发展，协调推进教师开发与技术进步，推动教育教学改革与产业转型升级衔接配套。"①

---

① 摘自《国务院关于加快发展现代职业教育的决定》（国发〔2010〕19号）。

职业教育的发展对民办高职院校提出了具体要求，促进经营管理者了解和掌握内涵和职业教育的扩展和发展方向，这也使得民办高职院校"二元思维"和职业教育的融合。民办高职院校必须这样做：

（一）办学必须适应经济社会发展要求

国家经济发展进入新常态后，产业结构的转型升级势在必行。我国将推动新一代信息技术产业发展，包括高端数控机床和机器人技术、航空航天设备、海洋工程设备和高新技术、先进的运输铁路运输设备、节能和新能源汽车、电力设备、农业机械设备、新材料、生物医药和发展等十个关键领域。在这些关键领域实现突破发展，需要大量的专业的技术支持，大量技术岗位需要大量的专业技术人员，它为民办高职院校提供了一个很好的机会和巨大的发展空间。民办高职院校应该评估自身情况并专注于战略性新兴产业的新结构、新技术、新形式和新模式，整合教育资源，深化教育能力，加强教学方法和手段，提高教师水平，调整专业结构、层次，重点培养高水平、高质量、高规格的专业技术人员。民办职业教育需要适应"五位一体"的要求总布局，积极服务经济发展方式转变和工业化、信息化、城镇化、农业现代化同步发展，积极服务社会稳定发展，积极服务文化强国建设，积极服务和谐社会建设，积极服务生态文明建设。

（二）办学必须符合职业教育规律

民办高职教育需要遵循职业教育规律、教学规律和技能型人才成长规律，不断深化教育教学一体化育人改革，增进校企合作、产教结合、工学结合，完善现代职业教育和运行机制，推动现代信息技术课堂教学应用，促进中高职的知识和技能教育有机衔接和协调发展。

（三）办出人民满意的职业教育

民办高职教育必须坚持以人为本，办好符合时代特点、顺应人民意愿、满足人民需求的职业教育，必须以人民满意为目标，提高学生就业质量，保障和满足社会人才需求。所以，民办高职教育必须走符合中国国情发展道路，必须坚持以服务为宗旨、以就业为导向的办学方针，坚持政府主导、行业指导、企业参与的办学机制，坚持工学结合、校企合作的人才培养模式，面向社会、面向公众，培养与地方产业发展同步的技术技能型人才。

二、与民办教育政策的渊源

模具决定产品模样。有什么样的民办教育政策就有什么样的民办高职院校。民办高职院校的办学运作空间无法跨越民办教育政策的限定范围，这也体现了民办高职"二元思维"与民办教育政策的渊源性。

民办教育立法经历了适应民办教育事业发展的需要，从无到有、不断发展和完善的过程。1993年中共中央、国务院发布的《中国教育改革和发展纲要》以及1994年国务院发布的《关于〈中国教育改革和发展纲要〉实施意见》，确定了民办教育的地位和发展方向。1997年国务院颁布的《社会力量办学条例》对民办教育的一些基本问题做出了规范，推动了民办教育事业的快速发展。《中华人民共和国民办教育促进法》自2003年9月1日起施行。

根据《中国教育改革和发展纲要》，"国家对社会团体和公民个人依法办学，采取积极鼓励、大力支持、正确引导和加强管理的方针"。后来，《社会力量办学条例》以行政法规的形式肯定了这一方针。

然而，民办教育在随后的发展中也遇到了一些新情况和新问题。例如，民办教育的地位和作用尚未得到社会各方的充分认可，鼓励和支持民办教育的政策措施落实力度不够，民办教育在发展中仍存在产权不清、管理不规范、师资力量弱、办学效率低等问题。2016年11月7日，第十二届全国人民代表大会常务委员会第二十四次会议审议通过了《关于修改〈中华人民共和国民办教育促进法〉的决定》，对《中华人民共和国民办教育促进法》共修改16条。《中华人民共和国民办教育促进法》的修订是我国民办教育发展史上的一件大事，也是教育发展史上的一件大事。可以说，我国民办教育发展的瓶颈已经得到了系统的解决。

结合《国务院关于鼓励社会力量兴办教育促进民办教育健康发展的若干意见》，以及教育部等部门发布的《民办学校分类登记实施细则》和《营利性民办学校监督管理实施细则》，民办教育政策体系进一步完善。民办教育政策是民办高等职业教育"二元思维"形成的基础和基础，是其形成和发展的根源。因此，民办高职教育的"二元思维"必须依靠民办教育一系列政策的引导和引导，才能对办学发展和办学发展规划做出正确的判断和选择。

三、与民办高职自身发展的渊源

民办高职"二元思维"认为，民办高职院校需要符合职业教育法律，符合区域经济发展规律，符合自己的规格和层次的民办高职院校的思维框架。

民办高职院校当然也需要有自己的办学理念、内涵发展、能力发展、素质，更需要结合自己的实际和实践，提炼出可行的办学思维方式，深化教育系统和教育教学改革，加强其内容的建设，激发内在活力，促进生产和教育之间的合作，提高人才培养和社会服务能力，服务和满足当地经济和社会发展的需要。

民办高职院校为了学校越办越好，保持可持续发展水平，需要建立民办学校的思维模式，明确如何适应经济和社会发展，工业企业转型升级情况，充分发挥其优势，以国内外职业教育作为参考，扎实实施科学管理实现经济效益和社会效益最大化。

四、与外域职业教育模式渊源

我们认为，民办办学的"二元思维"的构建与外域的职业教育有着一定的渊源。教育无国界，各国优秀的教育是全球的财富。采纳和吸收外域职业教育成果可以加快我国的职业教育发展。

（一）瑞士的"工匠技术"[①]

提到瑞士的"工匠技术"，人们首先想到的就是各种精密的仪器和手表。事实上，瑞士的服务业也因其优质的形象而受到全世界的关注。每年全球规模最大的职业教育展是展现瑞士学徒制的成果，也从一个侧面显示出瑞士职业教育对本国综合竞争力和经济的推动，其中不仅有酒店服务，还包括木工、铺路工等许多基建项目职业教育。瑞士人对职业教育一点也不排斥，有些人虽然可以进入大学深造，但为了获得一门技艺，会先进入高职学院进行学习。瑞士的有关部门会根据劳动力市场对职业资格的要求和岗位空缺情况，决定职业教育和培训招生计划。

瑞士人从小就被灌输职业学习理念。瑞士规定小学二年级就要开设各种手工课，以培养孩子的劳动兴趣和习惯；从初中二年级开始，学校要对学生进行系统的职业指导。

瑞士的职业教育是一种衔接高等教育、面向终身教育的体系。瑞士职业教育成功的秘诀在于由企业、政府和学校三方紧密合作的学徒制教育模式。在瑞士，职业教育由企业和学校一起承担，课程全部由行业组织、企业和政府共同参与设

---

① 匡瑛.比较高等职业教育：发展与变革[M].上海：上海教育出版社，2004：168.

计，从而保证了教育内容与行业现状、未来发展的紧密对接。这样学习三四年后，学生就能掌握所学行业的专业技能。

（二）德国的"双元制"管理体制

"双元制"是德国职业教育管理体制的显著特点。"双元"即指学校和企业，学生既在职业学院接受专业理论和相关文化知识，又到相关企业接受职业技能培训。"双元制"管理体制就是将学校与企业、理论知识培训与实际技能培训紧密结合起来，这是一种主要培养专业技术技能型人才的职业教育管理体制。总体上看，德国的职业教育与高等教育"立交桥"是互通的，整个教育体系是开放和完整的。其职业技术教育不是"断头教育"，是与普通高等教育相衔接，能为学生持续发展提供各种教育机会的终身教育。接受"双元制"教育的学生，首先要具备普通中学的毕业证书，之后自己或通过劳动局职业介绍中心来选择一家企业，根据相关法律规定，同这家企业签订培训合同，再到相关的高职院校登记，取得理论学习资格。

学生的学制一般为三年。第一学年主要进行职业理论教育，集中学习职业基础课和文化课。第二学年进行专业实习实践训练。第三学年继续向特定职业（专业）深化。学生在整个教育培训过程中具有双重身份，在学校是学生，在企业是学徒工。学生也有两个教育受训点，即学习文化知识、专业理论的高职院校和为其提供实习实践的企业。在"双元制"管理体制下，基于工作过程的项目化教学模式和校企的紧密合作是德国职业教育成功的秘籍。

在德国，无论是"双元制"管理体制下的高职院校，还是实施"双元制"教育的技术员与技师培训学院，在进行专业（职业）教学时，必须严格执行学校所在州的有关专业（职业）教学大纲，并接受州教育部、德国工商总会、手工业协会及企业代表组成的考核小组对其学生进行学业考核，学生只有考核合格后，才能获取由德国工商总会或手工业协会颁发的毕业证书。

（三）英国的"工读交替"模式

"工读交替"模式是英国的高等职业教育模式，这是一种工作和学习交替进行的教育模式。"工读交替"模式教育的承担者主要是英国的继续教育学院，继续教育学院起步于18世纪工业革命后，根据不同工作岗位对职业资格证书的不同要求，而开设不同的职业教育课程。英国低级水平的职业教育相当于我国的中等职业技术教育，高级水平的职业教育相当于我国的高等职业教育。学生通过不同职业技能的学习与培训，习得工作能力，获得国家认可的职业资格证书，进入劳动力就业市场就业。

　　"工读交替"模式具体采取的实施方式是学校职业教育与企业实习时间各占一半。这种人才培养模式分三个阶段：①学生中学毕业后，先在企业实习一年；②随后到学校学习两三年的专业理论；③然后再到企业实习一年，即"1＋2＋1"或"1＋3＋1"教育计划模式。这种模式的职业教育，能把学校教学与企业生产实际紧密结合起来，让学生在实际生产过程中，加深对专业理论知识的理解，进而更好地掌握生产技巧和生产过程中的有关知识，熟悉自己所从事的业务在整个生产过程中的地位及前后衔接关系。

（四）澳大利亚的 TAFE 模式

　　TAFE（Technical and Further Education）模式是澳大利亚新型现代学徒制度。这种模式的教育主要特点是技术与继续教育，是一种由政府主导，与行业企业密切合作，统一培训教育标准，以高等职业技术教育培训为主的教育；是一种面向职业资格准入，融合职业教育和职业资格，强调终身教育，并充分体现以能力为本的高等职业教育模式。中学毕业生直接进入TAFE学院接受技术职业教育，时间一般为两三年，这部分生源约占全部TAFE学生总数的40%，其他约60%的学员是工作后再回到学院学习的。另外，也有一些大学本科毕业生或研究生进入TAFE学院接受短期培训。

　　TAFE模式高等职业教育管理体制体现了"学习—工作—再学习—再工作"的循环式终身教育模式。这种教育模式既结合学生实际，又注重实践教学，加之学制灵活，学校与行业企业密切合作，教师都是具有深厚专业背景的"双师型"教师，生源广泛。TAFE模式教育培训质量日益受到国家、社会与企业的一致好评。国家资格认证框架对TAFE模式的资格认证，使TAFE教育完全被社会所接纳。TAFE教育的中级证书相当于我国的中职文凭，高级证书相当于我国的高职文凭。

（五）借鉴与启发

　　同我国现行的偏重系统理论传授的职业教育教学内容相比，以岗位要求为培训目标的国外职业教育更受企业的欢迎。以工人技术等级考核标准的要求为培养目标并构建与之相适应的教学大纲和教学内容体系，应该是我国职业教育教学改革的重要内容。国外有些国家的职业教育，由于跨企业培训中心具有其他形式无可比拟的优势，被越来越多地用来作为培训机构不足的补救措施。对我国而言，众多的中小企业难以单独成立职业教育中心，因此，企业与高职院校联合举办或者由行业与高职院校联合主办跨企业培训中心将是一个非常重要的发展职业教育的途径。

当前，我国政府借鉴国外职业教育模式，在政策上大力支持和鼓励职业教育与国外职业教育相结合，创新中国式职业教育。《国务院关于大力发展职业教育的决定》中指出：职业教育要以服务现代化建设为宗旨，提高劳动者素养特别是职业能力服务。实施校企合作、产学融合的教学模式，对推进职业教育改革，加强与企业生产实际的紧密结合具有积极的现实意义和广阔的发展前景。中国的高职院校也纷纷推行"双元制"教育模式，学习德国"双元制"成功的经验，使现在的毕业生与以往的相比，在方方面面都有着显著的提高。

第三节　民办高职院校"二元思维"的办学取向分析

价值揭示外部客观世界对满足人的需求意义关系的范畴，是指有特定属性的客体对主体需求的意义。民办高职"二元思维"是民办高职院校长期办学思想的标志性理论成果，它对民办高职院校的办学行为具有基础性指导，带来的红利具有理论价值和现实实践价值。

一、民办高职"二元思维"的价值观

（一）民办高职"二元思维"是民办高职院校办学的专属办学思想

首先，民办高职院校的"二元思维"源于国家对民办教育的政策规定和民办高职院校办学的现实。只要有民办教育和民办高职院校，民办高职院校的"二元思维"意识就可以存在。其次，民办高职院校的"二元思维"确立了创新发展的责任感和教育质量观，引导着民办高职院校学生的生存和发展，使他们能够逐步建立并不断完善内部治理质量保证体系和诊断，学校整改机制；引导民办高职院校树立创新发展的办学责任感，提高人才培养质量。再次，民办高职院校"二元思维"具有科学性和双重辩证统一性，能让民办高职院校把握民办职业教育发展的脉搏，了解经济社会转型的实质和人才的社会需求，确定自己的办学方向、办学层次、人才培养规格，督促自己规范办学行为，提高办学水平，提高人才培养质量。

（二）民办高职"二元思维"是民办高职院校办学行为的指南

民办高职"二元思维"具有科学性、合理性和实用性。民办高职院校应充分认识民办高职"二元思维"对学校治理与管理的指导定位功能，用民办高职"二元思维"意识规范内部学院的治理和管理，制定学校的机制、制度，对照、检查和总结办学过程中的得与失。民办高职院校以民办高职"二元思维"作为办学指导方针，坚持发展自身办学特色道路：一是理念更新，坚持教育质量核心论。二是办学适度、规模可控、投入适当。三是科学灵活地做好经济与教育双项得利，疏通好、运作好与办学有关联的社会关系和工作。

（三）民办高职"二元思维"反映教育与经济关系的实质精髓

民办高职院校的办学离不开市场经济，这是民办教育政策的局限性。民办高职院校的"二元思维"积极协调和适应教育与经济的关系。它根据市场经济的发展要求，运用经济学理论指导教育管理和教学，实现了二者的有机结合。民办高职的"二元思维"重视市场经济的创新功能，引入市场经济机制，依靠市场经济杠杆调整办学内涵，使其具备积极适应市场经济发展的能力，有效实现办学目的。需要指出的是，民办高职院校办学思想的核心价值是关注经济创收，支持教育发展和教育质量，促进经济效益增长。民办高职"二元思维"的实质是其教育的经济和社会价值取向的反映。以教育质量带动经济收入是民办高职院校发展的基础。一般来说，民办高职院校服务社会和产生经济收入这两个指标并不矛盾，因为产生经济收入的目的是更好地投资于教育，提高职业教育教学质量，进而更好地服务社会。民办高职"二元思维"认为教育与经济是相互依存的，以教育质量带动经济收入是民办高职院校的中心任务之一。

（四）凝练民办高职"二元思维"意识，努力提高办学质量

民办高职"二元思维"是民办高职院校人才培养力量的思想源泉，对提高教育教学质量，培养用人单位认可、社会满意的人才具有基础性作用。民办高职院校必须创新两个办学标准：一是创收投资程度，改善办学条件；二是人才培养对社会的贡献。社会对人才的需求是横坐标，学校人才培养质量是纵坐标，纵坐标和横坐标的交点是学校发展的最佳选择。民办高职院校应明确民办高职院校"二元思维"的内涵，认真分析经济社会发展现状，充分考虑社会需求和自身办学实践优势，规划发展方向，坚持引进公办或国外先进的教育要素与民办学校特色相

结合，走适应社会需求的人才培养之路。

民办高职院校的办学实践和成绩充分证明，民办高职院校"二元思维"引导和构建的办学路径能够产生良好的社会服务和经济效益，为民办学校和民办教育做出一定的贡献。

二、民办高职"二元思维"的公益观

所谓教育的公益性，是指教育的一种性质，即它所提供的产品或服务只能由人们共同地占有和享用。[①]教育是一项公益性事业，这是人们对教育的利益属性和价值特征的基本判断，事实上也是人们从利益归属的资源配置等方面对教育运行规律的基本概括。依据这一判断，人们提出了教育实践上的公益性原则。民办高职"二元思维"遵循《中华人民共和国民办教育促进法》所确定的"民办教育事业属于公益性事业"的本质属性，把"办学服务社会"作为己任，思维联系实际，不断丰富民办高职"二元思维"的办学内涵。

（一）民办高职"二元思维"始终坚持教育公益性是民办办学的根本信念

当民办高职院校的举办者理解教育公益性原则时，他们会将其与办学形式和目标联系起来。民办高职"二元思维"认为，公益性是教育的一种客观社会属性，不受组织者主观意愿的转移。教育无论是由政府还是由非政府组织或个人经营，都是公益性的。教育作为一项公共服务，不再是纯粹的公共产品。它可以由接受政府资助的公立学校和私立学校提供。教育的公益性并不意味着政府是唯一的办学机构，由社会团体和个人资助的学校不影响其公共教育的属性。尽管民办高职是民间性质的教育机构，与公共教育基本相同，也具有公共服务的基本特征和功能。民办教育属于公益性事业，符合民办高职院校"二元思维"的教育本质。

（二）民办高职"二元思维"积极捍卫民办高职院校办学的公益性品质，不论营利或非营利

在当下的语境中，很多人把民办高职院校的公益性等同于非营利性，认为非营利性和公益性概念之间有着必然的关系。这种说法有些片面。民办高职"二元

---

① 邢永富.教育公益性原则略论[J].北京师范大学学报：人文社会科学版，2001（2）：50-54.

思维"认为，民办高职院校无论是营利性或非营利性，都具有办学公益性的社会属性。公益性以满足不特定多数人的利益为目的，强调行动的动机与结果具有公共利益的导向。从民办教育政策的层面看，营利性或非营利性的民办高职院校的办学社会属性具有公益性质。民办高职"二元思维"认为，教育活动本身都具有一定的公益性，所以，民办高职院校是非营利性或营利性，不妨碍其办学的公益社会属性。

（三）民办高职"二元思维"不反对效率价值取向

一般来说，教育是事关人们公共的精神利益、文化利益、政治利益的精神文化过程，既讲求人文精神价值、公平正义价值，也讲求物质功利价值、经济效率价值的纯粹文化事业。民办高职"二元思维"认为，在对教育公益性原则的理解上，不应该将它与个人的物质利益、民办高职院校的教育效率和社会的经济效益等效率价值对立起来。把教育与民办高职院校的资金经营、教育效率结合起来，与社会的经济目标、效率价值结合起来，是教育公益性的根本价值取向。应当看到，在教育公益性原则中充实了物质利益、经济利益的内容，因为只有在教育公益性原则中包含了物质利益、经济利益的内容之后，才标志着教育开始普及到广大劳动人民中，成为劳动人民解决物质生存问题的手段，而不是有闲阶级专有的精神消费品。

（四）民办高职"二元思维"积极适应市场经济规则

我们可以从两个角度来考察市场经济与民办高职院校的关系：一是市场经济作为资源配置方式对民办高职院校的作用和影响；二是市场经济作为一种社会关系体系对民办高职院校的作用和影响。虽然市场经济在某些方面会对教育产生负面影响，但它从根本上促进了民办教育的进步和发展。总的来说，商品经济是我们这个时代的社会基础和主要标志。民办教育必须以商品经济为基础。民办教育的公益性与市场经济既不对立也不冲突，相反，二者应在整体上协调。

三、民办高职"二元思维"的利益观

（一）民办高职"二元思维"的主体核心任务：做好民办公益性

《中华人民共和国民办教育促进法》指出，民办教育属于公益性事业，是社会主义教育事业的重要组成部分。民办教育的公益性与可营利性并不矛盾，允许部分教育机构合法营利，不仅无损其公益性，甚至还会促进整个教育事业的发展，从而增加社会公益。目前，民办高职院校大致分为非营利性和营利性两种类型，其内涵界定分别为：①注册为民办非企业单位的非营利性民办高职院校，办学不需要利润回报，办学余额全部投入学校发展，不用于分配。组织者只能获得固定收入，对学校资产没有剩余索取权。政府参照公立学校对非营利性民办高职院校实行免税、资助等配套管理；②营利性民办高职院校注册为企业法人，办学单位要求利润回报。他们可以在规定的范围内分配学校余额，获得基于财产所有权的投资回报，拥有私人学校财产的最终所有权、使用权、收益权和处置权，拥有充分的学校自主权，在市场上经营，依法纳税。

（二）民办高职"二元思维"的多元利益路径

民办高职"二元思维"认为，民办高职院校的举办者面临一个如何选择的问题：是非营利性民办学校还是营利性民办学校？选择非营利性民办学校，虽然能享受到很多政府的优惠政策，但也面临产权丧失，投资利益无法实现，民办高职院校办学自主权受限的现实影响；选择营利性民办学校，虽然可以获得充分的办学自主权，实现投资利益，保障产权，但也面临隐形的税费负担、办学成本提高、社会压力加大的风险。由于目前我国民办教育机构设置比较复杂，在举办和实践中，大致可分为以下五种形式：

——捐资办学的投资人不参与管理的纯公益性学校；

——投资人投资并参与管理但不求获得利润的公益性学校；

——投资人投资并不参与管理但要获得利润的公益性学校；

——投资人投资并参与管理并要求获得利润的学校；

——以经营为目的的民办教育机构。

根据我国国情和我国民办教育的发展特点，相关政策法规在制定时需注意以下几点：明确民办高职院校的法律地位；严格区分捐资办学与投资办学；政府要对民办高职院校给予政策扶持及财政投入；要健全非营利组织的管理体制。

（三）民办高职"二元思维"与民办营利性不矛盾

民办高职院校是主要利用非财政资金投资办学的高等教育机构。非营利性是对民办高职院校投资行为和结果的客观描述。在民办高职院校的办学过程中，营利与非营利性之间看似不可调和的矛盾被有机地融合在一起。有合理回报的民办高职院校与没有合理回报的民办高职院校的主要区别在于，前者的投资者投资办学，而不是捐资办学；后者的投资者主要是捐钱办学，即使是投资，也具有很大的捐赠性质。没有合理回报的民办高职院校投资者的主观目标并不完全是公益性的，投资者有获得投资收益的目的。民办高职院校投资者投资办学的主观目的完全是公益性的，投资不求回报。有合理回报的民办高职院校投资者的投资行为是资本运营行为。虽然投资者不能以盈利为目的投资教育，但他们仍然希望通过投资获得一定的收益。民办高职院校投资者投资办学是一种自愿行为，是对祖国教育事业的无私奉献。

（四）民办高职"二元思维"认可合理回报

合理回报是基于我国国情的一种独特的制度安排，它实际上是对民办教育中已经存在的营利行为的一种妥协或变通。《中华人民共和国民办教育促进法》关于"民办学校在扣除办学成本、预留发展基金以及按照国家有关规定提取其他的必需的费用后，出资人可以从办学结余中取得合理回报"的规定，与民办高职"二元思维"办学思想不对立，更与民办教育坚持公益性不相矛盾。国家坚持和维护合理回报这一政策的连续性，并进一步明确取得合理回报的具体办法，使其更加规范和更具可操作性，切实保护了社会力量投资教育事业的积极性，保障了民办高等教育健康发展。民办高职院校的合理回报不能简单地与企业或公司的利润分配相等同。非营利性学校的举办者可以取得以合理回报为表现形式的收益，并不改变其非营利性学校的实质。

第四节 民办高职院校"二元思维"对
学生工作体系构建的引导

所谓的民办高职院校"二元思维"对学生工作体系构建的引导，就是民办高职院校以问题导向，针对学生的学情差异，通过拓展和创新学生管理工作和政教的有效途径，充分发挥学校党组织、团组织、学生管理部门和班级组织的作用，不断增强学生工作和政教的针对性、实效性和吸引力、感染力。

民办高职"二元思维"认为，在高职生稳控管理机制的实施过程中，关键是要处理好班主任、辅导员、学生党员以及普通高职生的定位问题，通过正确定位，发挥各个成员的积极作用，确保学校的教育管理和教学秩序，以及校园安全正常化、规范化和优质化。无锡南洋职业技术学院学生工作思路如图2-1所示。

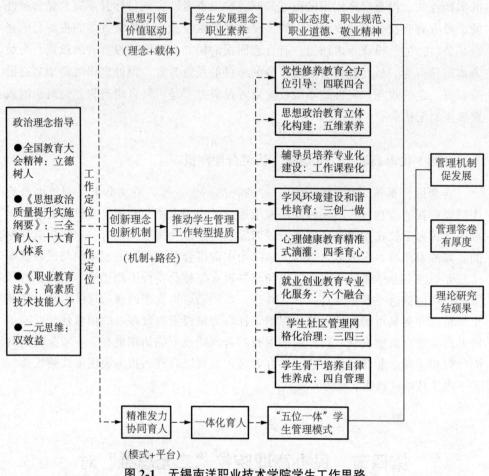

图 2-1　无锡南洋职业技术学院学生工作思路

一、学生的自我定位引导

重视高职学生完整人格的培养和人格的充分发挥，提高学生的自我管理能力和综合素质，是高职教育的重要内容，也是当前世界教育现代化的重要目标和共同趋势。如何使学生学会自我教育和自我管理，实现在学习过程中的主导地位，培养具有自尊、自信、自强、自律、自立等进取和独立素质的人格，是摆在教育工作者面前亟待解决的重要课题。[1]

民办高职院校学生自我管理的缺失主要表现在三个方面：一是自我教育意识淡薄，二是自我意识偏颇，三是自我管理能力弱。在学生管理培训中，可以从激发学生内在需求、营造良好的课堂环境、提高学生自我管理技能等方面来增强和提升学生的自我管理能力。

高职生的定位目的是帮助学生从入学之初就尽快解决由不同生活环境和教学方法引起的一系列问题，使学生尽快适应民办高职院校的学习和生活，从而提高学习质量。高职生的定向引导：一是引导高职生认清自己的身份，明确自己的职责和目标，知道在校做什么、怎么做，为自己的成长和发展制定路线图。引导学生努力学习专业知识和技能，树立正确的人生观和价值观，积极准备，为今后就业打下良好的学术基础。第二，民办高职院校的高职生应了解自己的综合能力。掌握自己的优缺点，虚心听取同学的建议和意见，扬长避短，提高自己。高职学生面临的问题包括在校学习、独立生活和未来创业就业等，这些问题不是纯粹的学习问题。高职学生在学习和探索的过程中应该对自己有所了解，培养爱好，发掘潜力，探索未来学业或就业发展的道路。第三，高职生在了解自己的个性、爱好、潜力等方面时，尤其要有计划地锻炼自己的心理素质，克服一些心理障碍；适当调整心态，发展知识和技能，提高自身修养；当遇到挫折、失败、痛苦和其他不愉快的事情时，应该努力冷静下来，勇敢地面对现实，尽快以积极乐观的态度面对未来。第四，高职学生要加强道德修养，严格要求自己。提高道德修养的一个必要条件是读好书，有广博的知识，有一定的文化修养。[2]高职生必须多读书、多观察、多思考，了解一个真正的文明人应该是什么样的人，至少能够看穿真理。

因此，加强高职学生自我管理能力的培养是民办高职院校教育管理和教学中最直接的要求。民办高职院校在工作中加强对学生自我管理能力的引导，即培养学生的独立规范意识，在教育过程中必须坚持以学生为中心，发挥学生的创新精神，强调学生的主观能动性在学生全面发展中的重要作用，将学生从被动接受管理者转变为积极参与管理者。

二、学生党员定位引导

民办高职院校学生党员是一个特殊的群体，具有学生和党员的双重身份。在

---

[1]　吴国建.谈高职生自我管理能力的培养[J].中国成人教育，2008（4）：84-85.

[2]　张伟.浅析注册入学下民办高职院校学生自我管理能力培养[J].才智，2016（21）：103.

机遇与挑战并存的今天，如何在民办高职院校学生群体中发挥先锋模范作用，是民办高职院校党建工作的重要组成部分，也是大学生思政教育的重要内容。高职学生党员是学生管理的主要参与者和执行者。他们要围绕民办高职院校率先开展高职学生稳定管理工作，发挥先锋模范作用，既是稳定管理的执行者，也是稳定管理的参与者、示范者和管理者。

民办高职院校学生党员的主体作用体现在强烈的主体意识、领导与团结、建言与参与等方面。充分发挥学生党员的主体作用具有以下深刻的价值意蕴：一是巩固和加强民办高职院校党组织民主制度的重要途径；二是新时期民办高职院校党建工作的必然要求；三是实现民办高职院校和谐发展的现实需要；四是维护民办高职院校党的先进性的动力支持；五是民办高职院校培养符合社会需求的合格技术技能型人才的内在要求。

高职学生党员的定位和引导包括五个方面：一是注重党性修养，坚定理想信念，坚信党的领导，在思想、政治、行动上坚持与党中央高度一致；二是加强学习，时刻保持政治头脑清醒，不断提高自身综合素质，不断提高学生的管理能力；三是认真履行学生管理职责，按照学校制度办事，身体力行，努力做好为学生服务的工作；四是牢固树立正确的人生观、价值观和世界观，充分发挥共产党员的先锋模范作用，严于律己，廉洁自律，做一名令同学满意的服务员；五是遵纪守法，保持良好的学风，树立共产党员的良好形象。

高职学生党员的作用表现在四个方面：第一，接受辅导员和学生提出的问题，开展问题活动；第二，要积极发挥在日常学习和生活中的作用，帮助学生及时解决学习和生活中的问题；第三，及时向辅导员反馈学生的思想动态和各方面信息；第四，要做好系统监控、核对数据统计，以及相关信息的收集、登记和处理。此外，高职学生党员最重要的责任是发挥模范带头作用。学风建设是民办高职院校提高自身教育教学质量的根本保证，也是民办高职院校加快自身建设、不断发展和完善的重要基础。民办高职院校学生党员作为学生中的精英和骨干，是学校党组织与青年学生之间最紧密的联系和桥梁，在学风建设中义不容辞。

三、班主任定位引导

民办高职院校班主任首先需要有强烈的责任心和较高的管理素养；其次，班主任应该把重点放在培养学生有明确的人生目标、正确的价值观和一定的提出问题和处理问题的能力上；再次，班主任要能充分发挥学生在班级管理中的主动性和积极性，实现学生自己管理自己，自己管理班级，自己管理生活、学习等事务。

（一）班主任是一个懂得如何让学生发挥积极性和主动性的指导者

第一，创设良好的学习生活环境，为学生的生活和学习提供必要的指导与帮助，尽量为学生创造参加各种学术活动和社会实践的机会，开阔高职生的眼界、拓展其知识面。第二，充分发挥学生党员先锋模范作用，对普通学生实施有效的激励，鼓励和带动更多的普通学生成为学生党员。第三，有效开展信息双向反馈活动，及时听取学生的信息反馈。

（二）班主任是提高学生的道德修养的教育者和开导者

班主任始终注重培养高职学生的道德素质和人文素质，将中国传统伦理值得学习的部分渗透到高职学生的思想深处，可以从三个方面入手：一是在学生中开展传统文化教育；二是让学生了解孝道的真谛和对老师的尊重；三是让学生在孝敬父母、尊师重教的基础上，把孝心扩展到全社会。

（三）班主任是培养学生的信息素养的服务者

当今的学生需要与信息打交道，也必须与信息打交道，因为信息就是知识。课堂上开设的课程是有限的，学生如果想获得更加广阔的知识面，就必须自己搜集信息，搜集信息离不开网络。班主任必须将培养学生信息获得能力的工作贯彻执行，既对学生个人好，也对学校负责。

（四）班主任是学生心理疏导工作的具体执行者

心理问题可以说存在于学生成长的每个阶段，班主任需要在学生心理健康教育中发挥积极作用，因为班主任比其他老师更频繁地与学生进行日常接触。面对压力，学生往往会产生消极情绪。班主任要对自己的工作提出更高的要求，培养学生坚忍不拔、不怕挫折的精神品质，让他们正视现实，正视自己的生活，放下对现状的态度，走一条实现人生理想的迂回之路，知晓只要为国为民服务，未来的一切都是辉煌的，世俗的眼光不应该阻碍进步的步伐。

班主任应积极参与学生就业指导。就业困难不再是一个人的问题，而是所有毕业生的问题。作为学生管理者，班主任不能回避这一严重而重要的问题，必须积极参与这项艰巨的任务。

四、辅导员定位引导

辅导员是民办高职院校政教工作的重要力量和骨干力量，是民办高职院校对学生开展日常政教和管理工作的主要组织者、指导者和实施者。学生的政教、行为规范、班级建设、实践活动、学生党建、寝室管理、心理健康教育、就业指导、安全稳定等方面面都和辅导员的工作息息相关。可以说，学生入校后的思想、学习、生活各方面都离不开辅导员的引导和帮助。辅导员要努力通过自己的工作，引领学生的政治思想，规范学生的日常行为，督促学生的学习实践，维护民办高职院校校园的正常秩序，指导学生的班团组织建设。辅导员工作在民办高职院校教育管理中的重要性显而易见，辅导员队伍的培养和建设是落实学生健康成长和民办高职院校人才培养质量的前提和保障。

（一）政教工作是辅导员的主要职责

在民办高职院校的教书育人和学生管理的整个过程中，辅导员起到稳定学生的思想与教学保障的重要作用。民办高职院校的每一项安排、每一项要求都要由辅导员安排并传达到学生中去，对学生的到课听课情况、学生的宿舍安全卫生情况、学生的纪律执行情况、学生的文体活动，辅导员都在密切关注着，他们的工作比较琐碎，也不容易出成绩。但正是辅导员的默默努力，才使学校保持了一个良好的教学环境，让教师从容教书，让学生安心学习。辅导员还要起到教育学生的作用。辅导员工作的首要任务是做学生的思想政治工作，他们作为一线学生工作者，对学生思想、心理方面影响和作用很重要，特别是对高职生。很多高职生的学习方法不对路，学习上有依赖心理，心理承受能力差。所以，加强对学生的思想品德修养是学生管理的一个中心工作，而这一任务很大程度上落到了辅导员的肩上。

（二）辅导员的基本方法

辅导员要针对民办高校大学生的特点，着力开展以培养良好学习习惯和文明言行为主要内容的养成教育，加强民主、法制、纪律和社会公德、家庭美德的教育，培养高职生独立思考和自律能力，让他们树立科学的世界观、人生观、价值观。辅导员要探索建立以德育为核心的人文素养教育体系，全面提高高职生的综合素养。

第一，尊重和宽容的态度。作为管理者，辅导员应该正视、宽容和尊重高职学生的人格，真诚关注和关心学生，体贴学生。辅导员应该以平等的态度对待每一个学生，以同样的标准对待班上的每一个学生。辅导员应认真记住全班学生的相关信息，每学期至少与每个学生交谈一次。

第二，因材施教。民办高职院校的学生既有当代大学生的共同特点，也有自己的成长经历和特点。由于民办高职院校的领导体制、运行机制和学费标准与公办高职院校不同，管理者要从这一现实出发，正确认识当代高职学生的特点，探索和加强高职学生的教育管理规律。学生在高考中的低分数绝不等于学生的能力差，主要原因也不是学生的智力差异，大多数是由于学生的学习习惯或广泛的兴趣引起的精力偏差。因此，辅导员要根据高职学生的特点，因材施教，正确对待学生，欣赏学生，从实际工作中激励学生，有针对性、有效地解决学生的实际问题；加强心理健康教育，引导学生个性发展；要及时了解大学生心理健康状况，完善大学生心理健康危机预警机制，重视心理问题高发群体的预防和干预，提高大学生抵御挫折的能力；要结合职业发展教育，充分利用各种现代教育手段，开展发展性心理健康教育，引导高职学生全面健康地发展个性。

第三章　新时代民办高职院校的学生管理理念

新时代民办高职院校学生事务管理工作，是服务大学生成长成才的重要内容，在人才培养过程中发挥着极其重要的作用。随着经济社会的发展和时代的不断进步，新时代民办高职院校学生事务管理工作所面临的形势和任务也在发生着深刻的变化。如何围绕高校育人目标，进一步创新体制机制、改进工作方法、保持旺盛活力、体现工作实效，是新时代民办高职院校学生事务管理工作要研究解决的重要问题。对此，本章主要介绍了学生发展理论、学生发展理论与高职学生事务管理、协同育人理念、协同育人理念与高职学生事务管理四节的内容。

第一节　学生发展理论

《国家中长期教育改革和发展规划纲要（2010—2020年）》明确指出："改革教育教学评价。探索各种评价方法，促进学生发展，鼓励学生乐观、独立，努力成为人才。"[①]时任教育部副部长鲁昕在2011年全国职业教育工作会议上发表题为《贯彻落实教育规划纲要促进职业教育协调发展》的讲话。讲话中指出，职业教育必须使所有受教育者都具备终身学习的基础和能力[②]，为人们的终身学习奠定基础，在传授技能的同时，还要奠定理论基础、技术知识基础和学习能力基础。

高等职业院校课程改革成效如何，要看高职学生身心素质与技能是否真正得

---

① 国家中长期教育改革和发展规划纲要（2010—2020年）［EB/OL］.中央政府门户网站.www.gov.cn.2010-07-29.

② 鲁昕.贯彻落实教育规划纲要，推动职业教育协调发展［EB/OL］.教育部门户网站http://www.moe.edu.cn/2011-5-16.

到了发展；而要使高职学生获得充分而有个性的发展，必须改革传统的课程考试评价方法，使其真正回归到"促进学生发展为本"①上来。

一、学生发展理论的理论基础

美国高校学生事务工作最早的理论基础是英国传统的替代父母制。进入20世纪后，这一理论才失去指导地位，取而代之的是学生人事服务。在20世纪60年代末、70年代初美国动荡复杂的社会背景下，学生发展理论应运而生，尽管实践中仍可找到前两种形态不同程度的表现，但从整体上来说，学生发展理论日益占据上风，尤其是在其基础上发展起来的学生事务的含义（SLI 理论），逐渐成为目前美国高校学生事务工作的指导思想。②

学生发展理论是人的发展理论在高等教育中的延伸。学生发展理论不仅讨论一般的心理发展，而且讨论学生的认知和智力、情感和态度、伦理道德的发展，以及具体行为的发展，如职业选择、饮食习惯。它可以用来指导学生事务管理，为制订各种计划和服务方案提供理论依据。20世纪60年代以后是学生发展理论研究的重要阶段，可分为以下几种类型：关注学生发展内容的学生发展理论；关注学生发展过程的学生发展理论；关注学生发展类型的学生发展理论。

（一）关注学生发展内容的学生发展理论

关注学生发展内容的学生发展理论的代表人物是埃里克森和奇克林。

埃里克森认为人格发展受社会文化背景的影响制约，自我在人格中的作用是建立自我认同感和满足人控制外部环境的需要。个体发展贯穿人生，这个过程具有阶段性。整个过程可分为八个阶段：信任与怀疑（出生—18个月）、自主与羞愧（18个月—3岁）、主动与内疚（3岁—6岁）、勤奋与自卑（6岁—12岁）、角色同一与角色混乱（12岁—18岁）、友爱亲密与孤独（成年初期）、繁殖与停滞（成年中期）、完美无憾与悲观绝望（成年晚期）。学生工作的责任是要帮助学生成功地度过每个过渡性发展阶段。随着终身教育理念的不断深入和美国高校招生范围的不断扩大，非传统学生介入使得埃里克森的人格发展八阶段理论得到更

---

① 王利明等.高等职业教育教学评价理论、评价体系与评价技术 [M].北京：中国轻工业出版社，2011：210-220.

② 司金朋.美国高职学生事务管理研究[D].郑州：河南大学，2009：16.

为广泛的运用。①

奇克林在实证研究的基础上提出了学生发展的变量理论，认为学生在大学期间面临的最重要的发展问题是建立同一性，以及围绕同一性发展的七个变量：发展能力、管理情绪、自我管理、确立同一性、成熟的人际关系、成长目标、自我完善。学生发展的七个变量由简单到复杂，既相互区别，又相互联系，呈螺旋形阶梯式递进，期间高职学生事务管理对七个变量所施加的影响不可忽视。

（二）关注学生发展过程的学生发展理论

关注学生发展过程的学生发展理论的代表人物是皮亚杰、柯尔伯格和罗杰斯。

皮亚杰的认知心理学研究了学生发展的认知方式和差异。他强调了遗传的重要性及智力发展过程中环境的作用。该理论所划分的各阶段并不与学生年龄直接相关，只是把人的成长视为思维水平的逐步提高，认为个体对环境的认知矛盾促进了个体的发展和成长。

柯尔伯格系统扩展了皮亚杰的理论和方法。柯尔伯格根据道德两难问题情境的分析提出了个体道德发展的三个水平、六个阶段。三个水平依次是前习俗水平、习俗水平和后习俗水平；六个阶段依次是惩罚服从取向阶段、相对功利取向阶段、寻求认可取向阶段、遵守法规取向阶段、社会契约取向阶段、普遍伦理取向阶段。他认为学生道德发展更多依靠正义、平等原则或普遍的伦理规范，较少依赖个人兴趣。

罗杰斯将学生发展定义为学生在高等教育机构中，不断地成长、进步，各方面能力得到提升的方式。罗杰斯从人本主义心理学出发，提出了"以当事人为中心"的心理咨询理论。他认为每个人都生而有之地具有自我实现的倾向，当由社会价值观念内化而成的价值观与原来的自我有冲突时便引起焦虑，为了对付焦虑，人们不得不采取心理防御，这样就限制了个人对其思想和感情的自由表达，削弱了自我实现的能力，从而使人的心理发育处于不完善的状态。而罗杰斯以"无条件积极评价"为原则，将"以当事人为中心"的咨询理论运用到学生事务中，使学生事务工作者在工作中保持一种不做判断的价值中立态度。

（三）关注学生发展类型的学生发展理论

类型理论主要描述和解释人格类型以及为什么不同的人对同一情况有不同

---

① 游敏惠.美国高职学生事务管理研究[D].重庆：西南大学，2008：35-40.

的反应。类型理论是一种非价值判断理论，它强调个体差异对群体是有益和健康的，个体差异在特定情况下可以发挥积极作用。其代表是荣格的心理类型学和霍兰德的人格职业匹配理论。

荣格根据心理能量的流动将人分为外向型和内向型。外向型注重外部世界，积极、自信、进取，易于适应环境变化；内向的人重视主观世界，往往内省、沉默寡言，容易害羞，难以适应环境的变化。将人的感觉、思维、情感和直觉这四种心理活动与上述两种态度类型配对，可以得到人格的八种功能类型，即外向思维型、内向思维型、外向情感型、内向情感型、外向感觉型、内向感觉型、外向直觉型、内向直觉型。深入分析学生的人格功能类型，有助于更好地研究学生在观察世界、接触世界的过程中所固有的个体差异，从而有助于理解这些差异对学生发展的其他方面的影响。它有利于班级事务管理和学生活动管理。

美国心理学家约翰·霍兰德也是著名的职业指导专家。他认为一个人的人格类型（包括价值观、兴趣、动机、需求等）与他的职业密切相关，不同的人格特征适合不同的职业。在过去几十年里，通过100多项大规模实验研究，他发现有六种不同的人格类型，即实用性、调查性、艺术性、社会性、创业性和传统性。

二、学生发展理论的哲学基础

在不同时期和阶段，影响美国大学学生事务管理理念的哲学思想是不同的，也不是单一的。但学生事务管理开始关注学生主体地位，根据学生的不同发展需要、兴趣和爱好，促使学生按照个人潜力充分展现个性，实现自由全面发展，主要受以下三种哲学思想的影响。

（一）新人道主义

新人道主义认为高等教育除了开发智力以外，还应该关注作为第二课堂的学生事务管理，有意识地去发展学生许多其他方面，满足学生个人德、智、体、美、劳的发展需要，为学生提供服务是高等教育的责任，同时要设置灵活的课程以适应个人兴趣和能力需要。新人道主义认为，学生事务管理的主要目的是巩固和增强学生的学术经验，学生事务管理的方针和实践应当围绕学术培养这一中心来进行。

（二）实用主义

实用主义认为教育是人类理性和感情状态的和谐，鼓励学生利用实践进行学习并且应用知识去寻找问题的答案；强调"完整"学生的全面、创造性发展，确保高等教育的课程应当为学生实践各种知识的利用价值而设计计划和活动，为学生提供应用知识去处理一些现实问题的机会。

（三）存在主义

存在主义重视人，但重视的不是客观存在的人，而是主体行动的人，认为学生对学习和自身的发展负有责任，相信在特定的课程、学术计划或者社会学习环境下。每一个学生都为自己确定了课程安排，教师的任务是帮助学生进行学习，课程本身只是为学生提供了自我思考的焦点。基于这一思想，帮助学生成长和发展取代了控制学生的行为。在这个意义上，学生事务也是直接参与教学活动，从而成为一种新的责任，而不再仅仅是课外活动的一部分。这样一来，高职学生事务管理人员就成为有意识和直接地帮助学生进行学习的"教学"人员，课内学习和课外活动的区别也就不存在了。

第二节　学生发展理论与高职学生事务管理

一、学生发展理论下高职学生事务管理的特征

（一）本质是管理活动

高职学生事务管理是高校活动的一部分，是一种组织管理行为。因此它需要有强有力的领导机构、科学合理的指导思想、相对稳定的组织系统、明确的组织目标、一定数量的专职人员、充足的物质条件和资源保证。由于学生事务涉及的部门和人员很多，因此必须协调校内外的关系、学生事务与学术事务的关系、学生事务系统内横向和纵向的关系等。

（二）以学生发展理论为指导

相对于教学、科研等学术事务而言，学生事务一般主要指学生课外生活的所有方面。学术事务和学生事务都是学生发展的重要方面，两者之间并非完全独立、毫无关联。相反，学生事务的有效、成功开展为学术事务的开展创造良好的条件，有利于学生学术能力的发展；在学术事务开展的过程中，尤其是在课堂教学的过程中渗入思想道德和心理健康方面的知识和内容，有益于学生道德和心理健康的良好发展。

在新时期的学生事务管理方面，我们应该更新价值观和理论基础，把"以生为本"作为价值取向，学生发展理论作为指导，减少管人、训人的思想，树立"生本意识"和"服务至上"的理念。这就要求学生事务管理必须从学生的需要、利益出发，自始至终贯穿主动、积极为学生服务的思想。想学生之所想，急学生之所急，做学生之所需。学生社团活动和各种学生事务服务项目都要有助于尽快提高学生对学校的认同感和归属感，要有利于学生的健康成长和多方面才能的发展，有利于学生学术能力和水平的提高。

（三）学生发展理论下我国高职学生事务管理的内容

高职学生事务管理指由高职院校的专门组织机构和人员开展具体的事务管理、教育、引领与服务学生，从而达到促进学生学习和发展的目的。这里的具体事务指的就是高职学生事务管理的内容。高职学生事务管理的内容并不是一成不变的，而是随着社会的发展和新情况的出现，进行着及时的补充和完善。例如，由于我国高等教育大众化的发展，学生规模扩大，学生之间的差异性也越来越明显，导致一系列突出的问题出现，这就要求我国的高职学生事务管理及时调整工作内容，补充新的工作内容，消除不利于学生发展的因素，为学生顺利发展保驾护航。学生发展理论下我国高职学生事务管理的内容应包括以下这些方面：招生注册管理、新生入学教育、学生资助体系、学生生活服务、学生心理咨询、学生就业指导、学生社团活动、学生学习辅导和校园环境建设。

（四）学生发展理论下我国高职学生事务管理构成要素

高职学生事务管理是高等教育系统的一个子系统，具有自己的构成要素。笔者认为，学生发展理论下的高职学生事务管理系统应该包括以下四个要素：专门的组织结构和专业人员、学生、具体事务（工作内容）、价值观和理念。在这四个要素中，专业人员和学生是高职学生事务管理的两大主体，同时也是人员要素。具体事务是专业人员和学生交往活动的中介，专业人员通过具体事务的开展，达到管理、教育、服务与引领学生，促进学生发展的目的。价值观和理念属于意识层面，为高职学生事务管理提供指导，体现一定的时代性，保证高职学生事务管理方向的正确性和有效性。

学生事务管理的构成要素是一个紧密不可分割的整体，各要素之间相互关联、相互作用，形成了一个具有内在逻辑的运行系统。表现在以下几个方面。

首先，学生和专业人员共同参与具体事务，在参与具体事务的过程中形成交往关系，保证具体事务目的的达成。其次，专业人员在开展具体事务的过程中也要根据时代的要求和具体情况的变化不断反思，更新、补充高职学生事务管理的价值观和理念以及具体事务。再次，学生并非被动地参与具体事务，接受专门的组织机构和专业人员的管理，而是主动地去了解相关的价值观和理念，积极参与具体事务，促进自身各方面的发展。最后，"以生为本"的价值观和学生发展理论对具体学生事务的选择和设置也有一定的影响。各要素的关系如图3-1所示。

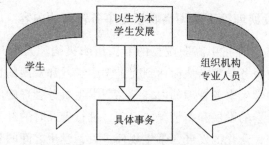

图 3-1　高职学生事务管理四大要素关系图

二、学生发展理论在高职学生事务管理中的应用落实

学生事务管理作为高职教育的重要组成部分，要实现管理育人，就要致力于全人教育的目标，促进学生的全面发展。因此，我国高职学生事务管理必须树立"以生为本"的工作理念和"服务学生"的管理意识。

"以生为本"的理念是时代发展的产物，它要求把学生放在第一位，主张把学生的发展作为教育教学的出发点，根据学生的兴趣、爱好等特性，充分发挥学生的主体地位，激发学生的主动性、积极性，提升学生的潜力，促进学生全面、协调地发展。"服务学生"的意识是随着我国学生交费上学，成为教育消费者的过程与学生自身发展需要的多重原因出现的。

"以生为本""服务学生"的理念要求高职院校在制定和学生事务管理方面的规章和条例时从学生的需要、利益出发，考虑到学生的主体性、差异性，减少一些强制的、划一的内容。尊重学生是基础，关心学生是关键，服务学生是方式，发展学生是目的。①尊重学生就是贯彻"管理人员与学生在人格上是平等"观念，尊重学生的主体地位与学生的人格，为学生事务管理工作构筑良好的人际关系，营造和谐的校园氛围。关心学生就是要关心学生的生活，及时了解学生在生活中遇到的各类问题，如生活困难、心理困扰、人际交往障碍，并帮助学生解决困难、攻克难关，使学生感受到关爱。服务学生就是要求学生事务管理者要注重学生的需求，在服务中体现以学生需求为导向，通过营造良好的学校人文和设施环境，促进学生进行自我教育、自我实现，促进学生的认知、情感和道德判断力的发展。发展学生是"以生为本"的目的，也是尊重学生、关心学生、服务学生的归宿。

第三节　协同育人理念

一、协同及协同育人的概念

（一）协同

"协同"一词来自古希腊语，有"协和、同步、和谐、协调、协作、合作"之意，是协同学（Synergetics）的基本范畴。协同的定义是指协调两个或者两个以上的不同资源或者个体协同一致地完成某一目标的过程或能力。协同是由企业管理中围绕效率的提高而出现的分工、协调、协作演进而来的。分工，就是把组织的任务与目标分成各个层次，再通过劳动岗位完成。管理学上的协调最初源于法国古典管理理论家亨利·法约尔提出的管理五大职能：计划、组织、指挥、协

---

① 黄红霞.中美高校学生事务管理比较研究[D].武汉：华中师范大学，2006：40.

调和控制。其本意是指各部门、各岗位之间的和谐与步调一致，共同实现管理目标。其实质是在分工的基础上集合个别劳动要素，并使之在时间和空间上配合，达到资源利用效率最大化的效果。

协同不同于协调的概念特征在于协同强调系统的自组织性，即整体大于部分之和。这在军事学及企业战略中应用较多。

（二）协同教育

关于协同教育的具体概念，很多专家学者对其都有所概括。如王宝祥、刘宏博认为，协同教育是具有时代特征和现实意义的新的教育理念，主要是指学校、家庭、社会等多方面教育资源、教育力量，通过主动协调、积极合作，实施同步教育，从而形成合力，推进学生的全面发展。李运林认为，家庭、学校、社会三大教育系统中，某一系统那些独有的要素或信息进入另一个系统，与另一系统的要素相互联系与作用，产生协同效应，影响了该系统的教育功能，这种现象称为协同教育。在现代信息技术迅速发展的时代，南国农对协同教育提出新的见解，认为协同教育是一种新的教育方式，它是联合对学生有影响的各社会机构的力量，对学生进行教育，以提高教育的效果、效率和效益。这一定义不同的地方在于阐述了协同教育是在搭建信息平台的基础上整合更丰富的教育资源对学生进行教育，学校、家庭、社会三位一体合作利用现代信息技术对学生进行教育。

协同教育的提出最早源于德国赫尔曼·哈肯提出的关于协同学的基本理论，协同学吸纳了系统理论的精髓，同时与自然科学领域的系统论相结合，搭建了不同学科之间联系沟通的桥梁。苏霍姆林斯基提出协同理论的基本观点：学校和家庭两个教育者要志同道合，抱着一致的信念，始终从同一原则出发，行动一致。美国霍普斯金大学研究专家艾普斯坦将"家校合作"扩展为"家、校、社区合作"，强调这三者对学生的教育和发展负有共同的责任。随着对协同教育的不断研究，协同教育实现了学校教育由单一封闭育人模式向协同开放模式转变，而且协同教育理论在我国素质教育实践中也得到运用，同时，在信息技术支持下，协同教育正逐步成为教育改革发展的方向和趋势。

综上所述，协同教育就是充分调动最主要的教育者，集中最优势的教学资源，利用最先进的育人平台与手段，促使教育效果最优化。

（三）协同育人

从字面上看，协同育人可理解为协同多种教育教学资源共同育人。不少专家学者对协同育人进行了深入研究，形成了一门理论。在高校，协同育人是一种教育思维，常与产教融合、校企合作等相关联。虞丽娟在《立体化素质教育论》中指出，协同育人主要包括协同教育、协同管理、协同学习。由此可见，协同育人的内容多且内涵丰富。这里主要是指高校要以立德树人为中心，借助校内校外德育资源，通过政府部门、科研院所、企业和社会团体以及高校内部各个院系、各个单位、各个部门之间的深度合作与相互配合，形成产学融合、优势互补的育人机制与育人网络，形成全程、全员、全方位与人的合力，共同培育创新人才的过程。其含义与前面介绍的协同教育基本一致。

二、协同育人的理论基础

（一）哈肯的协同学理论

现代社会关于协同育人的提出源于协同创新，最早由美国麻省理工学院的达彼得·葛洛给出定义："由自我激励的人员所组成的网络小组形成集体愿景，借助网络交流思路、信息及工作状况，合作实现共同的目标。"[①]从实践的层面看，协同创新实际是一种思想与技能的分享过程，是目标追求相同的不同主体通过相互合作和整合，在发挥各自优势的基础上，产生$1+1>2$的效益并实现创新的过程。

协同创新的理论依据是协同学。协同学是1971年德国科学家赫尔曼·哈肯在多学科研究的基础上，在研究事物从旧结构转变为新结构的机理的共同规律上提出的理论。该理论认为，在远离平衡态的开放系统中，在与外界发生物质或能量交换的情况下，每一个子系统都会不断地相互探索新的位置、新的运动或者新的反应过程，并通过自己内部系统的协同作用自发地出现时间、空间和功能上的有序结构。简单地说，就是整个环境中的各个系统间存在着相互影响而又相互合作的关系，这种关系可以形成协同系统。协同是经营者有效利用资源的一种方式，通常能产生$1+1>2$的协同效应。

协同效应，又称增效作用，原本为一种物理化学现象，是指两种或两种以上

---

① 哈肯.协同学：大自然的奥秘[M].凌复华，译.上海：上海译文出版社，1995：239.

的成分相加或调配在一起，所产生的作用大于各种成分单独应用时作用的总和。而其中对混合物产生这种效果的物质称为增效剂。例如，放在一起的两片木块比单独一块承受的压力要大，原因是产生了协同效应。同样，两种以上药物共同应用时所发生的作用，可等于或者大于各种药物单独使用时的总和。前者称为相加，后者称为增强。

协同学还认为，系统的很多方都会参与这个过程，在这个过程中不仅有外界的能量不断地输入到系统，甚至还会新加入一种物质。而各子系统之间不断协同合作就会产生宏观的有序结构。这种由复杂开放系统中大量子系统相互作用而产生的整体效应或集体效应就叫协同效应。安德鲁·坎贝尔等在《战略协同》一书中形象地将协同称为"搭便车"，认为"当从公司一个部分中积累的资源可以通过横向关联取得协同效应被同时且无成本地应用于公司的其他部分的时候，协同效应就发生了"。他还从资源形态或资产特性的角度区别了协同效应与互补效应，即"互补效应主要是通过对可见资源的使用来实现的，而协同效应则主要是通过对隐性资产的使用来实现的"。蒂姆·欣德尔概括了坎贝尔等人关于企业协同的实现方式，指出企业可以通过共享技能、共享有形资源、协调的战略、垂直整合、与供应商的谈判和联合力量等方式实现协同。

（二）安索夫的战略协同理论

战略管理之父伊格尔·安索夫将军事战略，尤其是军事谋略应用于企业战略经营中，但他又不是简单地套用军事上的谋略。他把企业经营战略定义为企业为了适应外部环境，对目前从事的和将来要从事的经营活动而进行的战略决策。因此，安索夫认为军事战略与企业战略是不同的。军事上的战略主要是指军事情报搜集、行动计划、方案布局、战场布阵等，其目标是战胜或消灭对手。而企业战略是以整合资源和创造价值为目标，坚决反对自相残杀的恶性竞争。因此，在企业背景下，多么专制的"家族企业"都不可能营造"以服从命令为天职"的文化。

安索夫强调，企业战略的核心是弄清你所处的位置，界定你的目标，明确为实现这些目标而必须采取的行动。他把企业战略限定在产品和市场的范畴内，认为经营战略的内容由四个要素构成：产品市场范围、成长方向、竞争优势和协同作用。他还把企业的决策划分为战略的（关于产品和市场）、行政的（关于结构和资源调配）和日常运作的（关于预算、监督和控制）三类。安索夫认为企业生存是由环境、战略和组织三者构成，只有当这三者协调一致、相互适应时，才能有效地提高企业的效益。所以，他认为协同就是企业通过识别自身能力与机遇的匹配关系来成功拓展新的事业，协同战略可以像纽带一样把公司多元化的业务连接起来，即企业通过寻求合理的销售、运营、投资与管理战略安排，可以有效配置生产要素、业务单元与环境条件，实现一种类似报酬递增的协同效应，从而使公司得以更充分地利用现有优势，并开拓新的发展空间。多元化战略的协同效应主要表现为：通过人力、设备、资金、知识、技能、关系、品牌等资源的共享来降低成本、分散市场风险以及实现规模效益。在这些理论的基础上，他设计了安索夫模型，这个模型的核心是通过企业和市场的分析确定有效的企业战略。

安索夫还认为，人类的主要问题已变得全球化、复杂化和非线性化。生态系统、经济系统和政治系统的局部变化，可能会导致全球危机。复杂网络中的非线性相互作用具有协同效应，这种效应既不能归因于单一缘由，也不能具有长期预见性。他认为"整体即为部分之和"的线性思维和线性信仰，已变得具有危险性。因此，需要新的策略以应对非线性复杂系统。在这种情况下，战略应成为一种将企业各事业部门、各职能部门、不同管理人员、不同员工的决策和行动统一为一种覆盖全企业的协调一致的决策和行动的策略方法，而执行战略则是组织的主要功能。企业的任何事情，包括组织结构和层级，都应按照战略计划进行设计和运行，目的在于赢得相对竞争对手的持续优势。在战略框架下，组织内跨部门分散的行动将形成一个以统一的目标和策略为中心的整体，个人的努力也将被汇聚成方向一致的团队力量。比如，通用公司就是在安索夫的战略规划主张的影响下，正式设立了战略经理职位，该职位主要负责修订、监察和执行该公司的战略规划文件所制定的相关规划内容。后来，通用公司因此而创造出辉煌的业绩并且维持了相当长一段时间。由此可见，安索夫的战略管理具有重大贡献。

（三）协同教育理论

协同教育是协同学理论应用于教育领域而形成的教育理论，它是后现代教育的重要学派，代表着未来教育的发展趋势。这一定义是1996年刘纯姣在《学校家庭协同教育构思》一文中正式提出的。

协同教育的基本思想是人类社会有三大教育系统，即家庭教育系统、学校教育系统和社会教育系统。每个系统都有自身的要素与功能，要素之间相互联系并发生作用，产生各自的教育功能。但在现代社会条件下，要培养出高素质、有个性、有特色的学生，就要采用新的育人方式或育人理念，将家庭、学校和社会及受教育者这四个要素科学整合为一个更高层次的育人系统，使家庭教育系统、学校教育系统和社会教育系统三个子系统的要素或信息相互进入，产生协同育人效应。这种整合的过程就叫作协同教育过程，其思想观点的整合就是协同教育理论。协同教育的突出优点在于，它使家庭与学校的联系更快捷、更方便，师生互动更灵活、更深入，社会联系更紧密、更具体。

按照系统的结构，协同教育系统中的家庭、学校和社会三个子系统，包括以下要素：家长、家庭教育媒体、学校教师、学校教育媒体、社会教育组织者、社会教育媒体和社会成员等。三个子系统在大系统中既相互独立又相互联系并发生作用，由此产生家庭教育功能、学校教育功能和社会教育功能。

协同教育依据的原理在于：不同人生阶段的人都要受到来自家庭、学校和社会的教育，或同时接受这三个方面的教育，三方面的教育产生的总效果才是真正的教育效果。因此，学校育人计划的制订，必须考虑家庭教育与社会教育的影响与配合，克服来自家庭、社会的负面影响与干扰，加强来自家庭、社会正面教育的配合。学校要把社会资源请进来，或者把学生带到社会中去实现社会协同学校教育。特别是随着现代科技的发展，人类知识总量迅速增长，人类知识翻一番的时间和知识老化的周期都日益缩短，这就要求受教育者必须提高学习能力，扩大学习容量，缩短掌握知识的过程，必须不断地学习，不断地更新所学的知识。

协同教育可分为协同家庭教育、协同学校教育和协同社会教育三种类型。协同家庭教育又分为学校协同家庭教育与社会协同家庭教育两种形式。前者是指学校教育系统的要素，如教师或学校教育媒体进入家庭教育系统，协同产生育人功能；后者是指社会教育系统的要素，如社会教育的组织者或社会教育资源进入家庭教育系统，协同产生育人功能。比如，家长带小孩到博物馆、图书馆参观学习，或利用广播、电视、网络走进家庭，由家长指导小孩学习。协同家庭教育本质上仍属于家庭教育的范畴，遵循家庭教育规律，但另外的系统要素加入后会对系统产生影响，会产生新的特点、规律与模式。因此，既要掌握一般家庭教育的特点与规律，又要把握协同家庭教育的特点与规律。

协同学校教育也分为家庭协同学校教育和社会协同学校教育两种类型。家庭协同学校教育，是家庭教育系统要素进入学校教育系统产生育人功能。社会协同学校教育，是指社会教育系统要素进入学校教育系统产生育人功能。协同学校教育本质上仍属于学校教育的范畴，遵循学校教育规律，但另外的系统要素加入后也会对系统产生影响，同样会产生新的特点、规律与模式。

协同社会教育本质仍属于社会教育范畴，遵循社会教育规律，主要包括家庭协同社会教育和学校协同社会教育两种模式。前者是指家庭教育系统要素进入社会教育系统产生育人功能，后者是指学校教育系统要素进入社会教育系统产生育人功能。

随着现代教育的发展，协同教育的形式不断创新。韩光道根据学者的研究将其归纳成家庭、学校协作教育，家庭、学校、社会"三维一体"协同教育，以及家庭、学校、社会、哲学、科学、实践双"三维一体"协同教育三种类型。家庭、学校协作教育最早出现在美国，家长教师协会就是这样一种组织形式。之后英国中小学也成立了家长咨询委员会，法国则在家长与学校之间建立了"协调人制度"。我国台湾和香港多数学校成立了"家长会员代表大会"，大陆中小学甚至幼儿园成立了"家长学校"或"学生家长联谊会"之类的组织，以加强家长和学校的沟通。家庭、学校、社会"三维一体"协同教育是现代教育比较流行的形式，主要强调家庭、学校、社会三个子系统不是简单地相加，而是高度协同。林培森、袁爱玲认为，三个子系统内部和各系统之间的内在条件与外在条件存在差异，甚至产生矛盾，但这种矛盾或差异会在一定的条件下消解，并形成整体的动态协作、反馈与互补的协同效应，从而激发学生的好奇心或欲望，满足学生的心理需求。在教育活动中，这种协同效应是以同化、顺应、平衡机制运作，使学生的生命原动力不断得到激发，不断开启新的经验，从而促进学生的全面协调发展。

第四节　协同育人理念与高职学生事务管理

一、高职学生管理与协同育人优势

（一）加强高校学生管理及政教体系化联动

教育的体系化与联动，是适应信息时代下教育内涵发展的新形式。高校学生日常管理指导工作应与管理育人服务工作紧密结合，协同配套开展，能进一步加强学校教育的管理教育实践工作紧密性，提升各民办高职院校教育及课程教育管理和教学实践服务综合工作能力，使民办高职院校教育改革能进一步更好地满足未来多元化社会大学生继续教育及培养等需求，有效地解决教育日常管理的时效性意识不足、教育理论实践水平能力有限等诸多深层次问题，为推进教育常规管理、教学和实践一体化创造一个有利条件。除此之外，高校学生德育管理社会化及学校育人的体系化协同联动，本质上是进一步增强一线教师群体对高校课程及教学行为管控的能力，使广大学生、教师行为不再纯粹是单一的教育行政协作化管理。在此实践过程中，所有教师与学生一起发展成为高职院校教育管理的参与者、践行者，共同推动我国民办高职院校学生教育质量、管理监督、社会及校园育人等工作走向和谐发展。

（二）实现高校教育资源及管理资源合理化配置

长期以来，教育资源开发应用水平不足，始终是民办高校政治教育研究工作面临的瓶颈问题。造成这一问题的最主要原因是高校有关教育、管理领域资源分配不协调均衡，使高校思想教育、行政管理服务工作、政教人员教育科研工作质量大打折扣。而推进高校学生综合管理服务与教师协同培养育人新机制的构建，实现教育资源有效综合平衡，使高校教学管理实践工作体系与学生教育培养工作机制能在高等教育统一办学背景下真正实现协同全面化地推进，提升中国高校整体教育实践管理体系时效性。与此同时，协同实践育人创新理念平台与评价机制模式的探索确立，能降低高校学生管理工作及基层教育督导工作内容之间的冲突，避免学校教育实验资源产生过度流失问题或实验资源严重浪费等问题，切实做到学生管理创新工作及创新教育之间有的放矢，为未来进一步完善现代教育综合实践育人体系理念及实践管理评估体系建设夯实基础。

二、高职学生事务管理视角下协同育人理念开展的效果

（一）强化教育体系联动，推动学生事务管理高效开展

协同发展育人机制理念建设能够充分调动各不同类别教育责任主体人的主观能动性，促使学生管理工作机制实现有效联动，建立完善学生多层次、立体化综合学生工作体系，以保证更好地满足学生管理个性化、多元化需求，有效地解决基础教育中学生事务管理服务工作同时性较差和基层覆盖面不足造成的各种问题，推动素质教育"以人为本"理念有效贯彻及实施。

（二）促进教育资源合理配置，提升管理工作实效性

目前，教育的实效性显著不足，原因之一是城乡教育服务资源配置很不紧密均衡，地区、学校间现有的专业师资队伍、教学办公环境、管理人员配备等多方面仍存在一定地区差异，而且可能随着时间的推移，这种地方差异性日益凸显。协同发展育人机制理念建设及其相应机制的协调推进，可以充分促使各类社会主体组织和各地学生管理教学部门相互联动，通过双方有效交流沟通、传递共享信息、统筹组织安排，积极推动优势教育资源在社会特定空间内自由流动，平衡好地区部门间办学资源，促使高职学生事务综合管理改革工作和地方高职院校继续教育试点协调推进。另外，协同合作育人也能够逐步减少高职院校教育行政资源的浪费，解决好学生日常管理事务中面临的问责范围不清、责任划分不明等诸多问题，增强教育监管工作上的针对性和灵活性，促进各个教育行为主体机构之间更加协调地配合工作。

第四章　新时代民办高职院校的
学生工作管理模式

当前中国经济新形势、政治民主化、社会信息化等，给我国高职教育带来了发展机遇，也给传统的学生工作模式带来了巨大的冲击。在高校开展学生思想教育工作，要统筹考虑时代发展特征、高校办学特点、高校教育规律和学生成长规律；要注重发挥学生工作体系贯通教育主体和客体的供求关系，坚持教书和育人相统一，坚持言传与身教相统一。加快学生工作管理模式的创新，是民办高职院校改革的出路所在，也是高职院校实现高质量发展的必经之路。在新时期、新形势下，民办高职拥有一支质量高、能力强的学生管理队伍显得尤为紧迫和重要，构建"三全育人"视角下"五位一体"学生管理模式已成为坚持社会主义办学方向，全面落实党的教育方针，保障民办高职院校良性发展的一个重大课题。

"五位一体"学生管理模式，即每个二级学院学生管理配备"一位党总支书记＋一位党总支副书记＋三位年级组长（专职辅导员）＋X位班主任（专任教师）＋Y位副班主任（学生助理）"的"五位一体"专兼结合、梯度优良的多层学生工作队伍，实现学生工作"纵向多层联动、横向多维协调"的管理运行机制。本章将从"五位一体"学生管理模式的产生背景、形成依据、内涵特征、运行机制四个方面展开具体的分析。

第一节　"五位一体"学生管理模式的产生背景

一、新形势下高职院校学生管理工作面临的新要求

（一）高等教育发展的新特征要求创新高职院校学生工作

伴随着我国高等教育由精英教育向大众化教育的转变，目前，我国高等教育总体上迈入了内涵发展的重要时期。在高等教育内涵化建设的阶段，恰逢教育与互联网技术的跨界融合，以及新时期学生群体呈现出鲜明的时代特征，"00后"成为高等教育的主要受教育者。教育行业与移动互联网的融合趋势及新一代大学生群体体现的特色推动高等教育进入发展的新常态。在这一高等教育的新常态时期，高职院校学生工作面临着巨大的挑战与压力。适应新常态下的新特征，创新工作体系已经成为新形势下高职院校学生工作不可回避的重要现实问题。

（二）经济社会发展对人才培养的新需求要求创新高职院校学生工作

当前我国经济社会发展已经迈进了新的发展阶段，经济增长速度保持在中高速，经济结构转型升级，以及要实现创新驱动发展战略，对人才的培养也发生了重要的变化，仅仅拥有学历的高职院校毕业生并不是经济社会发展所需要的高层次人才，而拥有胜任力的大学生才是经济社会发展所紧缺的人才。突破传授知识的单一性，培养学生的胜任力是经济社会发展给高职院校人才培养提出的重要要求。然而培养学生的胜任力是一项系统复杂的工程，仅仅依靠任课教师是不够的。依托高职院校学生工作体系的力量，开展丰富的第二课题，对培养学生胜任力具有重要的意义。因此，新时期经济社会发展对高职院校人才培养提出的新需求也倒逼着高职院校要不断创新学生工作体系。

（三）新一代大学生群体的自我发展要求创新学生工作

目前"00后"已经成为高等教育的主要受教育者，具有明显不同于"80后""90后"大学生的特征。大学生并没有过多的机会体验到生活的艰辛，他们身上有更多的自我意识，对自我尊重及自我价值实现的需求较高。"不愿意受到过多制度的约束""追求自由奔放"等都是新一代大学生鲜明的代名词。对于这个学生群体，传统的以"管教"为主的学生工作体系显然是不太合适的。持续跟进新一代大学生群体自我发展需求对现有的高职院校学生工作体系提出了严峻的挑战。创新高职院校学生工作体系对新一代大学生群体实现自我发展需求具有重要的意义。

二、新形势下高职院校学生管理工作模式情况概述

截至2021年，全国高职（专科）学校共有1 486所，在校生规模1 590.1万人，招生人数552.58万人，高职教育已经成为我国高等教育的生力军。根据校情、学情等的不同，目前，我国高职院校大学生日常思想教育主要采用三种不同的管理模式。

（一）单一辅导员教育管理模式

这一模式不设置班主任岗位，直接由专职大学生辅导员承担学生的日常思想教育管理工作，实行辅导员全天行政坐班和夜间轮流值班制度。采用这种全天候的学生教育管理模式，有助于学校通过辅导员及时掌握学生的思想动态，能够对突发事件的发生及时做出反应，从而有利于学校对突发事件事态的控制及解决。经实践证明，这种单一的辅导员教育管理模式，有效地维护了学生的学习和生活秩序，对确保学校的安全稳定发挥了重要作用。

（二）"辅导员＋专职班主任（或专业导师）"教育管理模式

这一模式由专职辅导员承担学生日常思想教育管理工作，专职班主任（或专业导师）协助辅导员开展学生的专业思想教育和就业指导工作。这种专兼结合的学生日常思想教育管理模式，对解决辅导员因管理班级多而难以深入细微地关心学生，特别是有针对性地解决学生的专业思想和就业指导等问题起了积极作用。

（三）"辅导员＋班主任"教育管理模式

这一模式仅需少量专职辅导员承担学生日常思想教育工作，专任教师担任班主任并负责班级的日常事务性管理工作。采取这种教育管理模式是基于班主任作为专任教师，与学生的日常学习接触较多，对学生的日常学习管理和思想教育更加细致到位，更有助于学生的学业进步和成长。另外，让专任教师在一定范围内参与学生的日常教育管理，对提高教师的课堂教学管理能力和教学能力，以及增强教师责任心起直接促进作用。而教师教学能力和教学管理能力的提高，也有利于促进学生更好地成长和成才。

高职院校辅导员战斗在学生管理工作的前沿，承担着教育和管理学生的繁重任务，并发挥着不可替代的作用。但也存在一些不容忽视的问题，比如辅导员队伍数量不足，结构不够合理，专业化水平不高；职责定位不够明确，事务性工作繁重，作用没有得到充分发挥；工作体制和机制不够完善，工作思路不够清晰，辅导员发展后劲不足。

针对目前民办高职院校学生工作中所面临的问题，本书提出"一位党总支书记＋一位党总支副书记＋三位年级组长（专职辅导员）＋X位班主任（专任教师）＋Y位副班主任（学生助理）"的"五位一体"专兼结合、梯度优良的多层学生工作队伍，阐述了这一队伍在"三成教育"即学生成长、成人、成才教育各阶段中发挥的作用及应采取的相关措施，为学生管理工作提供了一条纵贯全程且行之有效的途径。

第二节　"五位一体"学生管理模式的形成依据

为了深入贯彻落实全国高校思想政治工作会议精神，以及《教育部办公厅关于开展"三全育人"综合改革试点工作的通知》的文件精神，推动高职院校思想政治工作质量工程，形成"全员育人、全程育人、全方位育人"的育人格局，建设高职院校"三全育人"格局，《国家职业教育改革实施方案》出台，对新时代职业教育提出了更高的要求，要求以标准化建设为引领，以提质培优、增值赋能为主线，用改革的办法推动职业教育全面振兴。具体来讲，在学生层面，就是要落实立德树人的根本任务，以德为先、以德励才、以德成才，培养学生成为德才兼备、全面发展的技术技能人才。民办高职教育作为职业教育不可或缺的组成部分，应发挥出更加重要的技能型人才培养作用。江苏无锡民办高职在缺经费、少帮扶，学情复杂的背景下，加大投入，突破瓶颈，克服困难，进行了教学理论更新、教学模式改进、学生管理突破，积极打造高质量有特色的院校。

"五位一体"办学模式的形成并不是一蹴而就的，而是经过了一个长期历史积淀的过程，有其形成的必然依据。

（一）"五位一体"学生管理模式的重要性

"五位一体"学生管理模式，一是将立德树人作为学生思想政治工作第一要务，坚持德智体美劳全面发展，注重学生技术技能和品德素养双螺旋提升的综合评价，体现了促进学生成长发展的价值引领。二是由教师担任班主任，参与学生管理，将教学和育人作为评价教师的重要标准，促进教师潜心教学、全心育人；落实专职辅导员、兼职班主任的具体教育管理责任，发挥其专长，体现了教师职业追求和个人成长的价值引领。

（二）"五位一体"学生管理模式的方向性

新时代对学生教育管理队伍建设提出了新要求，要求落实立德树人根本任务，强化政治引领和价值引领，努力培养担当民族复兴大任的时代新人。"三全育人"视阈下"五位一体"学生管理模式可以进一步深化对立德树人根本任务的认识，可以有效促进立德树人根本任务的落实，推进高校政教工作更具有科学性和实效性，有助于强化教师与辅导员的政治引领和价值引领，通过提升自我的政治素质，更好地培养时代新人。

（三）"五位一体"学生管理模式的创新性

基于民办高职院校"二元思维"的治校方略，在组织架构体系中更加注重管理效能。民办高职院校不断创新组织体系，优化管理机制，创新"三全育人"视角下"五位一体"学生管理模式，厘清了民办高职院校育人体系中教书与育人的逻辑关系，明晰了教师教书育人和辅导员政教的职责，提升了育人合力。同时通过学生工作绩效改革，重心向育人核心组织倾斜，充分发挥辅导员和专任教师在学生教育管理工作中的积极性、主动性和创造性，增强"三全育人"效能。

（四）大学生辅导员是学生日常思政教育管理工作不可或缺的重要力量

高职院校辅导员是学生教育管理工作的主要实践者，扮演着学生健康成长的指导者和引路人角色。实行辅导员日常思想教育管理制度是党赋予高校培养中国特色的社会主义合格建设者和可靠接班人的必然要求。随着我国高等职业教育事业的快速发展，高职院校对学生的专业思想教育和就业指导工作提出了更高要求。而"辅导员＋兼职班主任（或专业导师）"这种专兼结合的学生教育管理模式，成为当前高职院校日常思想教育管理工作的首选，吸引了一大批优秀的专业教师加入学生思想教育管理工作队伍中，为确保学生在成长成才过程中得到专业思想教育和就业指导奠定了良好的基础。

（五）"专职辅导员＋兼职班主任"是高职院校学生日常思政教育首选的管理模式

随着高等职业教育事业的快速发展，特别是学校发展规模的不断扩大，原来的由专任教师担任专职班主任，并协助辅导员进行大学生日常思想教育工作的传统管理模式难以维系。经过多年的实践探索，高职院校建立了以"专职辅导员＋兼职班主任（或专业导师）"为核心的日常思想教育管理模式。除了由专职辅导员承担学生日常思想教育管理工作外，还吸收了学校部分优秀专职教师或专职辅导员和兼职班主任，予其相关教育管理责任，有利于形成学生工作齐抓共管的良好局面，从而成为高职院校特有的学生管理模式。

第三节　"五位一体"学生管理模式的内涵特征

一、"五位一体"学生管理模式的具体内涵特征

"五位一体"学生管理模式，是实现学生工作纵向多层联动、横向多维协调的管理运行机制，如图4-1所示。

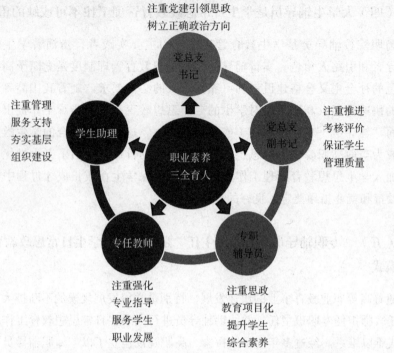

注重党建引领思政
树立正确政治方向

党总支
书记

党总支
副书记

职业素养
三全育人

学生助理

专任教师

专职
辅导员

注重管理
服务支持
夯实基层
组织建设

注重推进
考核评价
保证学生
管理质量

注重强化
专业指导
服务学生
职业发展

注重思政
教育项目化
提升学生
综合素养

图 4-1　无锡南洋职业技术学院"五位一体"学生管理模式

（一）党总支书记的职责内涵

二级学院党总支书记全面负责二级学院师生思想工作。坚持以党建引领学生管理，将思想工作贯穿于学生管理的全过程，以学生为中心，发挥党建育人作用，深化思想育人内涵，推进一体化育人政教新模式。

（二）党总支副书记的职责内涵

二级学院党总支副书记，协助书记统筹学生日常思想工作。统筹指导年级组长、辅导员、班主任、副班主任开展日常工作；统筹宿舍管理、心理健康教育、就创业工作等，推进政教教育项目化；加强主题班会教育制度化、体系化、持续化；推动职业素养行为习惯养成活动，鼓励学生进行自我管理，互助成长。

（三）年级组长（专职辅导员）的职责内涵

专职辅导员兼年级组长，负责日常学生管理工作。统筹协同年级学生管理工作，抓学风建设、党团组织建设、就业创业管理、宿舍管理、危机预防等；负责落实学生管理目标工作，确保学生"五率"质量管理；开展"三创一做"，争创"一体化育人示范班"，精心设计和组织开展丰富的校园文化活动。

（四）班主任（专任教师）的职责内涵

专任教师兼任班主任，负责班级日常教育教学管理，注重强化专业指导，服务学生职业发展。负责将专业教学和政教有机结合，重视人文关怀和心理疏导，培养学生正确的人生观，引导学生养成良好的行为习惯，推动班级学业良性发展；加强职业规划引导和职业素养教育，关心学生学业发展，服务学生成长成才；深化学生自治管理，加强学生干部培养培训，提升学生自我管理、自我教育等能力，发挥榜样引领作用，确保学生管理质量。

（五）副班主任（学生助理）的职责内涵

学生骨干兼任副班主任。夯实基础组织建设，精细学生管理，贯穿实施《班级量化管理》；落实片长、楼长、层长、宿舍长四级管理制度，形成良好的学生公寓管理机制；以"公寓党员工作站"为平台，强化学生自治组织作用，落实学生公寓"三查"制度，构建安全、和谐、文明、卫生的学生公寓；依托学生事务管理平台，为学生提供优质服务和保障。

二、"五位一体"学生管理模式的具体内容特征

（一）政治引导方面

以中国梦为引领，践行社会主义核心价值观。作为整个社会力量中最积极、最有生气的重要力量，学生在校期间正是思维最为活跃、个性最为彰显的重要时期。对青年学生思想进行正确的引导事关我国特色社会主义事业接班人工作的成败，并将最终影响特色社会主义事业的进程及未来方向。因此，新时期内创新高职院校学生管理模式的首要任务便是要对青年学生进行政治引导，具体而言，要以中国梦为引领，充分发挥青年学生的主体作用以及能动性，让学生群体成为践行社会主义核心价值观的生力军，这既是保障学生健康成长的前提，也是保证中国特色社会主义事业的基础。将微观层次上的学生个人成长与宏观层次上的社会

主义核心价值观培养进行有效衔接是"五位一体"高职院校学生管理模式的首要内容。

（二）学业指导方面

以"学风建设"为抓手，着力提升人力资本。对国家以及区域经济发展而言，人才是第一资源。相应地，对学生个人而言，人力资本是其成长与发展的第一资源。人力资源的高低往往是决定高职院校毕业生成长成才的核心要素。创新高职院校学生管理模式离不开有效培育以及着力提升学生人力资本这一核心要务。具体而言，以"学风建设"为抓手，辅导员要积极与任课教师、学校管理人员协同谋划，群策群力，切实做好学生的学业指导，才能为学生健康成长成才奠定基石。旨在提升学生人力资本的学业指导是"五位一体"高职院校学生管理模式的核心内容。

（三）生活开导方面

以"养成教育"为手段，促进成人成长成才。除了学业指导外，生活方面的开导也是保障学生健康成长成才的重要因素。对于直接联系、密切关注学生成长的学生管理者而言，对学生生活进行有效的开导也是一项重要的管理内容。具体而言，就是要突破传统的"管教式教育"，要善于运用启发式的"养成教育"，帮助学生养成良好的生活习惯，掌握基本的为人处事态度，在此基础上，进一步成长成才。因此，旨在促进学生成长成才的生活开导是"五位一体"高职院校学生管理模式的重要内容。

（四）生涯辅导方面

以"分层分类"为指导，有效提升培养效率。职业生涯规划对于职场人的成功具有重要作用，同样，对于学生在校期间的成长而言，生涯规划也具有突出的影响。良好的生涯规划有利于学生找准目标，有的放矢地去努力实现个人目标，这对提升人才培养效率具有十分重要的意义。因此，高校学生工作者要切实加强对学生开展生涯辅导，具体而言，针对不同类型的学生要"分层分类"辅导。对于大部分明显具有就业倾向的学生，要辅导他们制订实习实践规划，建议他们以提升自身的职场胜任力为首要目标；对于少部分有志于创业的学生，要辅导他们及时制订创业生涯规划，建议他们以不断提升个人的创业能力为重要目标。因此，旨在提升人才培养效率的生涯辅导是"五位一体"高职院校学生管理模式的关键内容。

（五）心理疏导方面

以"五个一工程"为内容，全力培育积极心理。积极健康的心理对学生的成长具有不可忽视的重要作用。然而，在当前工作生活节奏日益加快、竞争日趋激烈的社会中，学生往往会遭遇很多心理挫折，如何促进或保障学生健康心理也是高校学生工作的重要任务。具体而言，可以组织让学生读一本心理好书、看一部心理电影、参加一次心理测评、参与一次心理体验、写一篇心灵告白等活动。因此，旨在培养大学生积极健康心理的心理疏导是"五位一体"高职院校学生管理模式的基础内容。

三、"五位一体"学生管理模式的时代意蕴

（一）遵循人才成长规律，契合《国家职业教育改革实施方案》发展趋势

"五位一体"模式，强化教育和教学两支队伍的深度融合，解决了教育和教学两张皮的问题。一是体现了以学生成长发展的价值引领，将"立德树人"作为学生思想工作第一要务，坚持德智体美劳全面发展，注重学生技术技能和品德素养双螺旋提升的综合评价。二是体现了教师职业追求和个人成长的价值引领。通过明确任课教师担任班主任，参与学生管理教育，将教学和育人作为评价教师的重要标准，促进教师潜心教学、全心育人，主动向主业发展、向培养人的价值体现发展；落实专职辅导员、兼职班主任具体教育管理责任，发挥其专长，符合"三全育人"的理念。

（二）注重内涵建设实效，回应新时代高校思想教育工作的务实之举

新时代是全面建成小康社会，进而全面建成社会主义现代化强国的时代。新时代对学生教育管理队伍建设也提出了新的要求，要求落实立德树人根本任务，强化政治引领和价值引领，努力培养担当民族复兴大任的时代新人。三全育人视阈下，"五位一体"学生管理可以进一步促进对立德树人根本任务的认识，可以有效促进立德树人根本任务的转化，推进高校思想教育工作更加具有科学性和实效性。"五位一体"学生管理有助于强化教师与辅导员政治引领和价值引

领，提升自我的政治素质，有助于更好地培养时代新人。"五位一体"学生管理可以进一步明确"五位一体"的工作属性和角色定位，全面把握高职学生的时代特征，展开行之有效的教育管理，构建"三全育人"体系，提升育人实效性和科学性。

（三）优化组织管理效能，适应民办高职教育高质量发展的重要举措

基于民办高职院校"二元思维"的治校方略，在组织架构体系中更为注重管理效能。民办高职院校不断创新组织体系，优化管理机制，创新"三全育人"视角下"五位一体"学生工作模式，厘清了民办高校组织育人体系中教书与育人两个逻辑关系，明晰了教师教育和辅导员思政教育职能职责，提升育人合力。同时通过学生工作绩效改革，重点向育人核心组织群倾斜，充分发挥辅导员和专任教师在学生教育管理工作中的积极性、主动性和创造性，较好整合育人资源，增强"三全育人"效能。

第四节　"五位一体"学生管理模式的运行机制

一、"五位一体"学生管理模式的运行条件

（一）有效运行的前提：树立正确的工作理念

学生工作体系的受众是大学生群体，因此，高职院校学生管理模式要紧紧围绕学生发展为主线来有效开展。只有树立"以促进学生成长成才为宗旨"的核心理念，以"学生之事无小事""一切为了学生、为了学生一切"为执行理念，才能有效开展政治引导、学业指导、生活开导、生涯辅导以及心理疏导等工作，进而推动"五位一体"高校学生工作模式良好运行。

（二）有效运行的基础：使用先进的工作手段

面对高等教育受众者是在新技术以及全媒体浸染下成长的新一代群体，高校

学生工作者也要不断创新工作手段，通过使用抖音、微视频等新媒体，提高工作效率，拉近与学生群体的距离，进而对学生群体有更深入的了解，这对学生工作成效的提升具有重要的作用。使用先进的工作手段也是提升"五位一体"高校学生工作模式运行效率的重要基础。

（三）有效运行的核心：运用创新的工作方法

新时期，高校学生工作者除了要不断创新工作手段之外，还需不断创新工作方式方法。面对当今的高等教育新形势、当前经济社会发展对人才的新需求，以及新一代学生群体的显著特点，学生工作者要与时俱进，不断跟进时代潮流，摒弃传统的以管教为主的工作方法，不断运用科学的管理思想，综合采用"案例、理论、实训"等"三位一体"的教育内容，最大程度地培养高素质人才。因此，在新形势下，如何有效、科学地运用创新的工作方法是决定"五位一体"高校学生管理模式的核心。

（四）有效运行的保障：建设高效的工作队伍

高校学生管理模式的受众是大学生群体，主体是学生工作者。要有效运行高校学生管理模式离不开学生工作者群体的支撑。因此，要"内培外引"，建设一支高效的学生工作队伍，保障学生工作体系有效、正常运行。具体而言，一是坚持多样性引才理念，不断引进高水平、胜任力强的人员进入到学生工作队伍中来，通过新成员的加入，带来新的思想，进而激活团队新的活动；二是坚持多元性育才理念，通过开展辅导员论坛、辅导员职业技能大赛等丰富多彩的活动来不断提升学生工作者的理论素养以及职业技能，打造一支思想素质硬、理论水平高、职业技能强的工作队伍。因此，建设高效的工作队伍是保障"五位一体"高校学生管理模式有效运行的关键。

二、"五位一体"学生管理模式的实践特点

（一）"五位一体"学生管理是符合民办高职发展的模式

一是"五位一体"学生管理针对性解决民办生源复杂、基础参差不齐、学生管理难度大的问题。近年来，民办高职学生生源复杂，处于生源分配链的末端，

学生知识接受能力相对较弱,自学能力低,不适应传统教育方式,工学结合的培养形式对民办高职辅导员的管理工作提出了更高的要求。由于总体生源质量不高,学生社会化的现象比较严重,自我管理能力较差,自信心和抗挫能力大多比较欠缺,常常会出现人际交往问题、心理问题等一些不稳定的因素,也给民办高职辅导员的育人和管理工作带来了很大的难度。二是"五位一体"学生管理有效调节民办高职教育特性,增强了民办高职辅导员的工作的力度。民办高职院校通过更新教学理念,构建育训融合的"职业素养+职业能力"的双螺旋培养体系,改进教学模式,开展"工学交替",深化"教书育人一体化融合",解决了民办高职院校培养资金不足、实训基地不足等现实问题。三是"五位一体"学生管理保障了民办高职辅导员队伍稳定发展的问题。一方面,由于政府支持有限,配套政策不健全,民办高校没有编制,民办高校辅导员的各项权益保障不如公办院校,劳动强度大,辅导员队伍流动性较大。另一方面,民办高校为降低成本,一人多岗、一岗多责较为普遍,频繁的辅导员岗位变动不利于工作的有效开展,更不利于实现思政教育工作和立德树人的成效。

(二)"五位一体"学生管理是运行体系完善的模式

"五位一体"学生管理模式,坚持以生为本,改革创新,系统推进全方位、多层次的学生管理育人工作,全面提升人才培养质量。实行二级学院总支书记双负责制,全面负责二级学院师生思想工作,注重党建引领思政,树立正确的政治方向。坚持以党建引领学生管理,将思想工作贯穿于学生管理的全过程,以学生为中心,发挥党建育人作用,深化思想育人内涵,推进一体化育人思政新模式。二级学院党总支副书记兼副院长协助书记统筹学生日常思想工作,注重思想教育项目化,提升学生综合素养。统筹指导年级组长、辅导员、班主任、副班主任开展日常工作,统筹宿舍管理、心理健康教育、就创业工作等,推进思想教育项目化;加强主题班会教育制度化、体系化、持续化;构建职业素养学生"五维"素养育人模式,推动职业素养行为习惯养成活动,激发鼓励学生进行自我管理,互助成长。专职思想教育辅导员兼年级组长负责日常学生管理工作,注重推进考核评价,保证学生管理质量。统筹协同年级学生管理工作,抓学风建设、党团组织建设、就业创业管理、宿舍管理、危机预防等;负责落实学生管理目标工作,确保学生"五率"质量管理;开展"三创一做",争创"一体化育人示范班",精心设计和组织开展丰富校园文化活动。实行专任教师兼任班主任制度,负责班级日常教育教学管理,注重强化专业指导,服务学生职业发展。负责将专业教学和思政教育有机结合，重视人文关怀和心理疏导，培养学生正确的人生观，引导学生养成良好的行为习惯，推动班级学业良性发展；加强职业规划引导和职业素养教育，关心学生学业发展，服务学生成长成才；深化学生自治管理，加强学生干部培养培训，提升学生自我管理、自我教育等能力，发挥榜样引领作用，确保学生管理质量。实行学生骨干兼任副班主任，可持续发展同伴教育。注重管理服务支撑，保证学生正当权益。

三、"五位一体"学生管理模式的运行机制

（一）教育理念一体化：党政协同，领导机制优化

构建党委领导下的民办高职院校思想政治工作协同机制。优化领导机制，通过教育教学一体化育人机制，确保思想工作与学院其他工作一体部署、一体落实，奠定"三全育人"决策基础。一是决策层面实行理事会领导下的院长负责制，坚持公益性办学。同时，省教工委委派的专职党委书记，确保党组织发挥政治核心和监督保障作用中。二是执行层面坚持党政联席的"院务会"，负责学校日常工作的决策运行，确保党委在政治上的领导权和集体议事民主，坚持党政一体、党政协同的民办高职院校组织生态；坚持育人资源有效统筹，主动适应职业教育改革，坚持立德树人，把人才培养作为第一价值取向，创新人才评价体系，以一体化系统思维指导思想工作。

（二）教育制度一体化：政策协同，运行机制优化

建立党委统一领导、各部门协力共管的"大政教"格局，从机构设置、制度保证和政策支持等多方面规范落实人才培养机制、管理服务、校园文化建设等，奠定"三全育人"机制基础。

制定学校层面的《教育教学一体化育人工作诊.改评估方案》和二级学院层面的《教育教学一体化育人实施方案》，按照高职院校学生成长特点及规律，结合学校人才培养方案，推进"素养＋技能"双螺旋人才培养。

坚持因材施教、学以致用的培养理念，将理论教学和技能实训有机结合，构建教育教学一体化育人体系，实施职业素养教育，致力于创新"三融入、四融合、五设计"的人才培养机制。

（三）队伍保障一体化：层级协同，责任机制优化

明确各部门及全体教职员工的育人职责和使命，充分调动各部门和专业教师的积极性，优化学生管理队伍配置，保证政教工作队伍建设。二级学院层面实行院长、书记"双负责人制"，加强二级学院班子建设，确保党组织在二级学院人才培养中的领导协调作用。学生管理干部层面，实行交叉任职，党总支书记兼任二级学院副院长，专职辅导员兼任年级组长，专任教师兼任班主任，有效统筹、协调二级学院教学、管理、服务等工作，完善二级学院全员育人工作体系建设。

基层学生组织中，成立一批由学生党员组成的自治组织，如文明督察队、迷彩先锋社、学生助理，进一步提升学生参与学校管理的意识，增强学生自我教育、自我管理的能力。

（四）教育环境一体化：部门协同，沟通机制优化

微观层面，构建大政教格局，成立教育教学一体化育人机构。在学校层面牢固树立学生工作"一盘棋"的思想，奠定"三全育人"环境基础。完善校、院、班级、宿舍四级学生管理工作体系，科学规范的管理制度体系、考评体系和学生组织自我管理体系。二级学院推出具有各自特色的一体化育人项目和政教项目，建设"一院一品一景"，充分发挥全体教师主人翁精神，积极形成共建共治共享的育人格局，形成教育育人、管理育人、服务育人的良好氛围和工作格局。

宏观层面，学校有机整合来自学校、家庭、社会的"三位一体"大学生政教合力。

（五）危机干预与预警一体化：安全协同，和谐机制优化

大学生心理危机预防教育刻不容缓，需要采取多种方式，如建立心理危机预防与干预体系，形成"寝室心理信息员—班级心理委员—院系辅导员—校级心理咨询师"四级联络机制，充分发挥心理健康教育队伍的合力作用。在教师层面，融合"专职教师＋兼职心理教师（辅导员/班主任）"；在学生干部队伍中，融合"心理协会成员＋班级/宿舍心理信息员"，充分发挥学生组织作用，不仅保障了心理危机干预的监护体系，也促进了心理健康教育工作的落实，理顺了心理健康教育的工作架构，形成聚力，解决了以往心理健康教育工作力量单薄的问题。

整合教育资源，充分发挥"自助＋互助＋他助"的育人新途径，科学帮助学生完善个性品质。以学院心理协会牵头，融合各二级学院心理信息部、班级心理信息员、寝室心理信息员，形成一支强有力的朋辈心理辅导员队伍。

总体来说，民办高职学生管理是一项集方向性、理论性、政策性、专业性、实践性于一体的育人工作。因此，加快构建"三全育人"视阈下"五位一体"的学生管理模式，在坚持社会主义办学方向、全面落实党的教育方针、保障民办高职院校良性发展中是重中之重。民办高职学生管理队伍建设要因事而化、因时而进、因势而新，既在传承中发展，又在守正中创新，为培养高素养高技能人才提供坚实保障。

第五章　新时代民办高职院校的职业素养教育

职业素养指职业内在的规范和要求，是在职业过程中表现出来的综合品质，包含职业道德、职业技能、职业规范、职业精神等方面。在经济新常态下，职业素养的内涵还应该包括职业精神方面的东西，如敬业精神、精益求精、勤勉尽责、交往礼仪、职业礼仪、安全意识、纪律意识，是高职院校学生走入社会所必需的一门专业素养，所以职业素养教育是新时代民办高职院校育人载体建设中最重要的一环。本章主要从职业素养教育的内容及特征、职业素养教育对学生的影响、职业素养教育对学生工作的重要性三方面进行详细的论述。

第一节　职业素养教育的内容及特征

一、职业素养的内涵

高等职业院校的学生素养一般分为基本素养和职业素养。基本素养是全体"社会人"所共有的，主要包括思想道德素养、文化素养、业务素养、心理素养和身体素养，它是职业素养的基础。职业素养应是"职业人"所具有的适应职业岗位需要的素养。

职业素养包含两个部分，即职业和素养，简单地说，是指满足职业生涯需要的特定的素养。职业素养是指劳动者在生理和心理条件的基础上，通过专业（职业）教育（培训）、职业实践和自我完善等途径而形成和发展起来的，在职业活动中起着重要作用的内在基本品质，主要包括职业道德、职业意识、职业知识、职业技能、职业心理、职业形象等。

任何一种职业对人的素养都有一定的要求，它不仅包括从事某项具体职业所应具备的素养，还包括为获得这些素养应具备的潜力。因此，职业素养是一个人从事职业活动的基础，是事业取得成功的基石，是立足职场的根本，决定了一个人职业生涯的发展，是每位高职学生都应该具备的品质。

（一）内涵一：学生的职业道德

职业道德纳入职业素养教育范围，一是可以调节学生之间的关系，即运用职业道德规范、约束学生的行为，促进学生之间的团结与合作；二是可以调节师生之间的关系。

由于各种职业道德的要求都较为具体、细致，因此其表达形式多种多样。职业素养教育所涉及的职业道德是指在职业活动中应遵循的，体现一定职业特征的，调整一定职业关系的职业行为准则和规范。良好的职业道德是每一个高职生都必须具备的基本品质，是每个高职生担负起自己的工作责任必备的素质。职业道德依靠文化、内心信念和习惯，通过学生的自律实现。概括而言，职业道德主要应包括以下几方面的内容：忠于职守，乐于奉献；实事求是，不弄虚作假；依法行事，严守秘密；公正透明，服务社会。

（二）内涵二：学生的职业态度

学生的职业态度是对自己所从事的或者即将从事的职业所持的主观评价和心理倾向。职业态度包括三个方面：一是职业认知，指个体对职业的认识和评价以及对自己的职业个性，职业偏好就业信息等方面的认知；二是职业情感，指个体对职业的感情付出和体验；三是职业行为，是对职业对象产生的某种反映行为，是判断职业态度的最根本的依据。高职生应认可和接受高职专业教育的内容和结果，养成所学专业需要的职业行为的心理倾向。

1. 内省

通过对个体自己的素质结构、知识结构、能力结构的审视与反思，来探索和认定自己喜欢干什么、能干什么，认识自我的职业禀赋。

2. 交流

通过与他人的交往与交流，从第二人称和第三人称给出的评价审视真实的自我，这包括对自己的专业知识和技能掌握程度、人际关系的交往能力、抽象思维的概念判断能力等的评价。

3. 实践

通过参加具体的社会活动或职场实践，在与他人的交往中、在职场的历练和感受中逐步深入地认识和鉴定自我。

（三）内涵三：学生的职业规范

引导和规范学生可以做什么、不可以做什么和怎样做，是职业素养教育的重要组成部分，是学生职业价值观的具体体现和延伸。所以，学生的职业规范，尤其是在就业岗位上应该是这样的。

1. 应知

具有胜任职场岗位工作所应具备的专业理论知识，包括所使用设备的工作原理、性能、构造，加工材料的特点和技术操作规程等。

2. 应会

具有胜任职场岗位工作所应具备的技术能力，包括使用、调整某一设备的技能，使用某种工具、仪器仪表的能力等。

3. 应熟练

根据应知、应会的要求，列出岗位典型工作项目，以便判定自己的实际工作经验，以及掌握应知、应会的程度。

（四）内涵四：学生的敬业精神

敬业精神是一种基于热爱基础上的对工作、对事业全身心忘我投入的精神境界，其本质就是奉献的精神。具体地说，敬业精神就是在职业活动领域，树立主人翁责任感、事业心，追求崇高的职业理想；培养认真踏实、恪尽职守、精益求精的工作态度；力求干一行爱一行专一行，努力成为本行业的行家里手；把对社会的奉献和付出看作无上光荣，以正确的人生观和价值观指导和调控职业行为。敬业精神具备以下要素。

职业信念：即对职业的敬重和热爱之心，表示对事业的迷恋和执着的追求。

从业态度：即持恒稳定的工作态度。勤勉工作，笃行不倦，脚踏实地，任劳任怨。

职业情感：即人们对所从事职业的愉悦的情绪体验，包括职业荣誉感和职业幸福感。

职业道德：人们在职业实践中形成的行为规范。

二、职业素养的特征

职业素养具有五个特征：①职业性，表现为不同行业的从业者素养有所不同；②稳定性，表现为素养一经形成，便会经常地在职业生活中体现出来；③内在性，表现为素养以潜能的形式存在，在职业活动中才能显现出来；④整体性，表现为从业者各方面能力和品质的综合体现；⑤发展性，表现为随着社会的发展对从业者素养的要求越来越高。

第二节　职业素养教育对学生的影响

目前，秉承"以服务为宗旨，以就业为导向"的高等职业教育，正肩负着为社会培养高素养、高技能人才的重任。高等职业教育与普通高等教育的重要区别在于注重以职业岗位能力为重点施教，与中等职业教育的区别在于除职业岗位能力的水平要求普遍提高外，更注重基本素养的养成和应变能力的加强。因此，高等职业院校的教育目标，应是在培养学生综合素养的基础上，重点培养学生的职业素养，建立以职业素养培养为核心的人才培养体系，这是衡量高职院校学生能否跨入职业门槛以及胜任职业的重要条件。

（一）职业素养教育对高职大学生职业生涯具有重要作用

一个人要是缺乏良好的职业素养，就不可能取得突出的业绩，高职学生个人职业素养水平在很大程度上决定着他们是否能被认可，直接影响到今后职业生涯的发展。随着中国经济的高速发展，企业对高素养人才的需求越来越高，对高职学生的职业素养也提出更高的要求。

（二）高职职业素养教育对现代企业发展具有重要意义

一个企业要是没有一支素养过硬的员工队伍，就不可能在激烈的市场竞争中占有一席之地。中国正处于由劳动密集型、资金密集型产业迅速向技术密集型、知识密集型产业转化的阶段，企业迫切需要一大批有较高水平的技能型、技术型的实用人才及管理、经营、服务人才。培养高素养的员工队伍如果完全依靠企业，需要大量的人力、物力和时间，因此在学校就对学生进行职业素养培养，会帮助学生尽快适应企业和岗位，极大地降低企业培养人的成本，同时高素养的员工队伍也可以促进企业的长远发展。

（三）职业素养教育是高职院校教改的需要

我国的高职教育绝大部分起源于国民教育系列，很多高职院校在教育教学的过程中不可避免地在延续传统本科院校的教育教学模式，没有真正做到产教融合，培养的人才也难以满足社会的需求。实际上，高职教育和一般性的本科院校是有差别的，培养具有较高职业素养的高技能应用型人才是高职教育的主要培养目标。进行教育教学改革，改革和完善职业素养教育是重要的突破口。

三、民办高职院校开展职业素养的基本要求

（一）贯穿高职三年，分阶段、有重点、全过程实施职业素养教育

职业素养教育一般应涵盖职业理想、职业道德和职业精神教育、职业生涯规划指导、就业指导等多方面的内容。职业素养教育是一个根据大学生自身特点而循序渐进的教育过程，按照不同阶段的不同任务对学生实施有针对性的教育指导，将职业素养教育贯穿和渗透于教育的全过程。高职院校开展职业素养教育一方面必须对人才培养方案进行系统设计，做到全面规划、统筹安排、合作分工、整体推进，以保证学生的健康全面发展；另一方面，由于职业素养是一个动态的概念，这就要求职业素养教育要分阶段、有重点、全过程实施，根据不同年级学生的身心特征和素养养成要求，分阶段、分层次推进，要围绕企业需要的人才特点及学生职业生涯规划，以初建职业观念为职业素养教育的着力点，从设计系统的职业生涯切入，培养学生独特的职业兴趣，锻炼实用的职业技能。因此，可以将职业素养教育活动分为适应过渡、逐步养成与全面提高、就业准备四个阶段，将职业素养教育贯穿于学生在校学习的全过程。

（二）职业素养培养方式要多样化

职业素养教育是一个系统工程，只有改革学生校园活动的内容和形式，突出高职教学特色，才能切实提高职业素养的教育质量。因此，要建立职业素养的活

动体系，开展丰富多彩的活动，如培养学生的思想素养可以采用业余党校学习、公益服务型学生志愿服务活动、政治理论型的辩论赛、思想政治活动、暑期社会实践活动等方式，培养学生职业技能和职业精神可以采用各种各样的科技文化节、专业实践、技能竞赛、学生创业活动、就业讲座、以职业能力为主的学生社团活动、企业参观顶岗实践活动等，将与专业相关的培训内容融入活动中，可以促使职业素养教育活动更有效地开展。

（三）职业素养教育需要第一课堂、第二课堂和第三课堂相融合

高校职业素养教育的途径主要有以课堂教学、校内实习为形式的第一课堂，以社团活动、科技文化活动为形式的第二课堂，以及以社会实践、校外参观、实习为形式的第三课堂。第一课堂是基础，第二、第三课堂是第一课堂的拓展和延伸。在倡导专业精神的基础上，作为第二课堂和第三课堂的课外活动和社会实践对培养职业素养的其他要素起着巨大作用，因此要深化第一课堂与第二、第三课堂的相互协调机制，学生工作者要充分利用这两个渠道，使其同第一课堂一起在职业素养教育中发挥重要作用。

（四）充分利用社会、企业资源，加强实践环节

在职业素养教育过程中，必须注意积极吸引社会资源和企业参与。因此，实施职业素养教育必须打破封闭式的办学模式，最好的方法是校企合作办学，打开校门走出去，建立起较为紧密的校企合作平台。要组织学生走进企业、走入社会参加实践、实习，在实践、实习中提高认识、增强能力。同时，学校可聘请社会上专业的人力资源专家对学生进行测评和职业规划、形象设计等；也可以邀请成功人士、企业家、优秀校友等为学生开设讲座，提供职业咨询服务，增强学生求职自信心，提高学生动力。

（五）职业素养教育教师专业化

高职院校应有一批具有广博的人力资源管理与开发管理理论、职业设计的专业知识和丰富的实际操作经验的专家，但现实是，很多高职院校师资力量有限，缺乏相应的人才。因此，作为与学生接触最多、关系最紧密的学生工作者可以成为学校的重要资源。他们是学校中最了解学生的教师，年轻，善于学习，熟练应用现代教育技术，与学生沟通密切，通过学习职业教育知识，可以承担起职业素养教师的责任，可以有效地解决高职院校职业素养教师缺乏的难题。

第三节 职业素养教育对学生工作的重要性

一、学生工作在职业素养教育中的重要性

学生时代职业素养的培养具备以下特点：一是职业素养的培养受社会、学校及个体的心理因素的影响，是非智力因素，主要通过具体的教育活动来完成；二是职业素养是在长期的职业活动中慢慢养成的。而其在学生时代培养的基本途径主要是教育，即职业院校学生在学校通过专业学习获得职业认知、培养职业情感和养成职业行为习惯的过程，即在校园文化环境下，不断将本专业的社会要求逐渐内化为自身的职业品性的过程。

结合学生工作的内容，分析职业素养的培养，不难看出两者存在很多的交叉点。学生工作的范畴很好地诠释了职业素养的培养，因此，学生工作在职业素养培养方面有着不可替代的重要作用。

二、学生工作内容对于现代职业素养教育的重要性

（一）从现代服务业视角下分析高职学生职业素养的要求

笔者经过多年的行业研究以及大量的毕业生回访调查，发现现代服务业的企业对人才的职业素养的要求，概括如下。

一是要求具备广阔的知识面，作为自身创新素养的基础。笔者在走访中发现，从事现代服务业行业的企业，其业务项目生命周期短，运作技巧更新速度快，从业人员的职业岗位变动频繁。这就要求学生不仅具备本专业的基本知识，更要求学生具备相似或相关领域的知识以及不断学习的能力，以适应公司业务的新变化。

二是要求具备专业技能的同时也具备较强的相关辅助技能。经过调研，笔者发现企业的业务在不断突破传统模式的同时，对人才的需求也不仅仅满足于只掌握一项或几项专业技能，而是希望自己的员工还掌握一定的现代化科学技术技能

和人文综合素质，如现代化办公软件、数据处理。

三是要求具备的职业道德、职业品行不断提高。当今时代发展速度快，社会分工越来越细，每个工作岗位都需要有极具责任心、善于与人协作、能够承担压力和服务意识好的工作人员。在现代企业，那些文明行为差、责任意识低、逞个人英雄主义的员工往往很快就会被企业淘汰。

（二）现代服务业对高职学生职业素养的要求赋予了学生工作新的内涵

基于上文的分析总结，现代服务业对高职学生职业素养的要求具体体现在学生工作中的内容可总结如下。

一是必须重视学生的职业意识培养，使学生具备明确的道德意识、责任意识、合作意识、机遇意识、创新意识等。比如，增强职业道德意识，就是要加强学生的职业道德教育，明确职业道德的含义、原则、主要内容和基本要求，尤其是所学专业相关行业的具体职业道德要求；要注意引导学生从不同的角度去思考问题，从而得出不同的解决方法。

二是必须高度重视学生的能力培养，使学生成为合格的人才，符合企业需要。其中涉及很多方面的培养，一要重视学生交往能力的培养，二要重视学生学习能力的培养，三要重视学生协调能力的培养，四要加强学生心理承压能力和环境适应能力培养，五要重视增强学生的综合职业技能，提高学生的计算机操作、英语、礼仪、普通话等非专业技能。

第六章　新时代民办高职院校的学生管理路径

对大学生进行全面系统的教育，不仅包括专业知识、基本技能、职业素养等方面，还有一个重要的内容就是通过科学理论对学生进行思想武装，做好学生的综合素质培养、成长发展指导和学生事务管理，这样才能推动大学生素质的全面提高。就目前来看，大部分的民办高职院校学生工作管理与公办院校的模式雷同，机制体系缺少个性，同时面临生源特征差异性和新一代学生个性化挑战等问题。因此，推动民办高职院校教育改革势在必行，尤其是在学生管理方面。在此背景下，无锡南洋职业技术学院在新时代民办高职院校学生管理工作方面硕果累累。本章将结合无锡南洋职业技术学院在学生管理路径的具体实践，分别从党性修养教育、思政教育、辅导员工作课程化改革、学风环境建设培育、心理健康教育、就业创业教育、学生社区管理、学生骨干培养等方面展开具体的论述，以期为学生管理工作带来一些启发。

第一节　"四联四合"协同育人，在党性
修养中筑牢信仰之基

学生党建工作是一项系统工程，要做好学生党建工作，必须积极探索学生党建工作的新思路、新途径，增强责任感、使命感，多方面结合，形成合力，这样才能完成为国家培养适应新时代发展要求的高素质技能型专业人才和社会主义事业可靠接班人的历史使命，开创大学生党建工作的新局面。加强高职院校学生党建工作机制建设，切实发挥学生党建工作在学生思想教育工作中的龙头作用，对提高学校的教育质量具有重要的引领价值。学生党性修养教育工作是高职院校学

生工作的重要组成部分，是新形势下加强高职院校学生思想工作的主要内容和有效途径。

而为了全面贯彻党的教育方针，落实立德树人根本任务，促进学院学风提升。学院深化了"三全育人"的综合改革，推进一体化工作体系构建，即把教育管理资源和教育工作有机结合，党建引领思政教育，形成有效的协同效应，学院提出"四联四合"协同教育模式，坚持把思政教育工作落到实处，有效促进学生学习动力，帮助学生健康成长为全面发展的社会主义事业建设者和可靠接班人。

一、"四联四合"协同教育的内涵和价值

（一）创新思政导师协同育人新模式

学院党建工作与学生管理业务工作是一个不可分割的整体，如果脱离党建只谈业务工作，很可能会迷失方向；如果只抓党建而脱离业务，机关党建就会脱离实际，形成"两张皮"。破解行政单位党建"两张皮"现象，推动党建工作和业务工作深度融合，已成为推动行政单位党建工作的重中之重，这既是机关党建工作职责定位所在，也是检验机关党建工作成效的重要标尺。学务部以《中共中央国务院关于加强和改进新形势下高校思想政治工作的意见》为指导，坚持全员、全过程、全方位育人，把立德树人作为根本任务，把思想政治工作贯穿教育教学全过程，把思想价值引领贯穿教育教学各环节，形成教书育人、管理育人、服务育人等长效机制，制定的《无锡南洋职业技术学院思想政治导师项目实施方案》，提出以"四联四合"协同育人模式，完善党建与行政单位业务工作顶层设计，推动党史学习教育与提升党性修养和日常工作结合，充分发挥基层党组织和党员作用，形成并达到党建成果、业务荣誉和育人成效高度匹配。

（二）"四联四合"协同教育的内涵

学院贯彻落实习近平新时代中国特色社会主义思想主题教育指导方针，加强党对教育工作的领导作用，促进思想政治和教育工作的深度融合，完善"四联四合"协同教育模式新理念。通过党员教育管理者深入到学生一线，定向负责一个班级的思政教育工作，发挥基层党建带动作用。"四联四合"协同教育模式以立德树人为根本，旨在为学生创造良好的学习氛围，树立正确的价值观，推动党史

学习与教育系统的深度融合，帮助学生明确学习目标，解决实际问题和困难，增强学生的学习动力和信心，通过为学生提供多方面的思想指引服务，树立良好的学校政治教育风气，注重发展思政教育的实效性，促进学校党组织的建设发展。

（三）"四联四合"协同教育的重要价值

"四联四合"协同教育模式是在新时代科学教育的发展方向上具有前瞻性的教育方法，无锡南洋职业技术学院教育体系始终将党的领导放在首位。"四联四合"教育模式有助于加强党对学校教育管理的统筹能力，推动新时代党建工作深入学校教育体系，发挥党组织思政教育铸魂育人的主导作用。我院通过党员深入学生一线进行思政教育，促进我党指导的教育方针有效落实，以立德树人为根本，以"四联四合"协同教育模式为手段，不断总结完善工作模式和工作要领，切实以"四联四合"的协同教育模式推动、发展中共中央和国务院提出的"三全育人"教育改革工作，真正做到全员育人、全程育人、全方位育人。

二、"四联四合"协同教育的实施路径

（一）制定"四联四合"的实施路径

通过认真学习2022年教育部发布的全国教育工作总体要求，在教育工作的整体推进中加强对"四个意识"的理解认识，坚定"四个自信"，以习近平总书记提出的教育指导精神为核心，推动党员教育管理者深入一线，提升教育服务意识，以"四联四合"协同教育模式为工作手段，联系一位辅导员（班主任），确定帮扶一个班级，共同认真学习党的教育方针政策和"四联四合"的协同教育模式。通过共同探讨协同教育发展模式，选定一个宿舍及一名帮扶学生，成立"四联四合"帮扶小组。通过全面贯彻思政教育新理念，推动教育现代化、科学化、规范化改革，以立人树德为根本，以培养新时代社会主义全面人才为目标，扎实做好对国家、对社会、对人民有益的教育工作。

（二）搭建切实可行的思政教育体系

提升教师的课程思政知识，认真学习马克思主义理念，深刻领马克思主义精神，提升思想政治教师的专业能力。通过建立思政教育课程研修专题工作，将思政教育理念在教师间的交流常态化，定期举办思政教育交流会，发表思政教育及

育人理念的相关学术论文，制定思政教育课程新时代新理念教材，培养思政教育工作人才梯队。以"四联四合"协同教育模式为抓手，以党对教育工作的指导精神为核心，以党员教育管理者为牵头人，通过开展一次思政班会课、创建一次优良学风班、共同融合一间宿舍、有效帮扶一名学生的教育方式，成立帮扶小组，明确小组成员的责任义务，通过帮扶学生开展多方面思政教育工作，同时有效带动无锡南洋职业技术学院教师、学生整体思想进步。

（三）构筑思政教育高质量发展新格局

无锡南洋职业技术学院贯彻落实《中国共产党普通高等学校基层组织工作条例》，由党建引领思想政治工作，以"四联四合"协同教育模式深入学生一线，构筑无锡南洋职业技术学院高质量党建工作体系，推动中国特色社会主义思政教育工作在无锡南洋职业技术学院深入发展，加强构建思政教育教育新格局。同时通过"四联四合"协同教育打造思政教育常态化机制，推进基层党建工作和党史学习，深化四史教育，以教育实践为手段，深入探讨研究中国特色思政教育工作，加强党组织对无锡南洋职业技术学院教育工作的全面领导。在帮扶小组中形成常态化沟通，定期开展辅导员、班级、宿舍和重点帮扶学生的思政教育课程，加强与班级、宿舍和帮扶对象的沟通。通过深入学生一线了解班级和学生状况，传达学校党组的教育指导方针，带动学生参与党建、学习党史，树立牢固价值观。通过思政教育有效帮助学生明确学习目标，促进学业进步，树立无锡南洋职业技术学院思政教育良好的学习风气。

三、"四联四合"工作成效体现

通过贯彻党的二十大会议精神，认真落实习近平总书记的教育指导方针，无锡南洋职业技术学院开展"四联四合"协同教育模式取得了可喜的成绩，加强了党对无锡南洋职业技术学院教育工作的全面领导，充分带动了党建工作在学校基层的发展，帮助教师及学生树立了正确的思政价值观，深刻认识"两个确立"的决定性意义。

（一）党建引领，推动思政教育工作有新成果

通过"四联四合"的教育模式，由党员教育管理者直接开展班级内的思政课程，有助于学生更加直接深刻地了解党的新时代教育工作模式的意义，理解学院的思政教育的核心理念，帮助学生树立正确的思想价值观。开展"献礼建党百

年，学生说党史"活动，争做山水学府"红色哨兵"。通过帮助辅导员完成实践成果，开展"我与学生共成长"案例评选，完成了《新时代工匠精神与高职学生就业创业素养培育融合研究》的论文。针对各专业特色，进行了文化、支部建设，以及优良学风班的创建，学生好习惯养成，积极向党组织靠拢，发挥支部特色，增加支部活力。学风班风出现新面貌，帮扶班级学生无挂科，自习与课堂出勤率在99%以上，多间宿舍被评为"优秀宿舍"，琴湖7号被评为"文明宿舍楼"；多个班级获评"优良学风班"，班级成员获省级校级各类奖项达30多项；学生骨干工作认真负责，有担当，有执行力。

（二）丰富形式，推动组织生活有新活力

通过"献礼建党百年，学生说党史活动"，学生为准备演讲，认真学习了我党的光辉历史，从革命英雄的历史故事中学习我党艰苦奋斗的精神，活动帮助学生从被动地接受知识转变到主动地学习党史，自己总结并演讲表述，充分形成了党史学习的知识体系，同时加深了对于我党革命精神的理解认知。活动也增强了学生的表达能力，展现了学生朝气蓬勃的风采。在优良学风班的创建会议上，充分展示了学生干部勇担重任的精神，带动班集体改善学习风气的决心。学生干部的带动为班级树立了良好的学习榜样，为学生创造了良好的学习环境和学习风气，有助于学生养成优良的学习习惯，同时增加了学生间的互动交流，通过互通学习经验取长补短，带动班级整体学业的进步，形成了优良的学习作风。

（三）增进沟通，推动学工队伍有新发挥

围绕学生成长成才，形成"多力和合"局面。"四联四合"的协同教育模式加深了党员教育管理者与辅导员的充分沟通和探讨，互相借鉴教育策略和教育方法，将思想工作融入平时学生的教育工作中，充分发挥了我党教育方针的指导价值，帮助辅导员更好地总结了教育工作的方式方法。科学的教育方式更好地促进了学生成长，提升了教师的工作能力。针对学生特点，联合班主任、班长，开展"职业规划，步步为赢"主题班会；开展"怀揣信心，阔步向前"讲座；开展班主任心理工作相关培训等。参与班级主题班会，参加劳动教育；每月配合党员、辅导员同志深入班级指导，深入学生宿舍、党员工作站，坚持每月一次组织生活，了解学习生活情况，协助其做好班级管理和宿舍管理工作；解读"标兵宿舍"和"文明宿舍"标准要求，参与安全、心理及爱国主题班会。

无锡南洋职业技术学院"四联四合"协同教育模式取得了阶段性的可喜成

果，更加证实了我党教育方针的正确性和学校教育工作实施的有效性。通过"四联四合"的模式，让党员教育管理者深入一线学生群体，组成网格化教育工作模式，由教师互助，促进学生自助，相互学习成长，重点带动一个人一个宿舍，起到学习道路上的表率作用，从而带动班集体乃至整体校园学习风气高涨，证明"四联四合"协同教育模式是切实可行、科学有效的教育策略。希望在今后的教育工作中能坚持落实"四联四合"的协同教育模式，形成学生工作"多力和合"良好局面，彰显一体化育人特色成效，继续发展学院学子天道酬勤、学以致用的学习风气。

第二节　"五维素养"价值引领，在慎思铸魂中培养时代新人

思政教育是社会或社会群体用一定的思想观念、政治观点、道德规范，对其成员施加有目的、有计划、有组织的影响，使他们形成符合一定要求的思想品德的社会实践活动。其中思想教育是使学生形成一定的世界观、人生观的教育；政治教育则是使学生形成一定的政治观念、信念和政治信仰的教育。

高职院校以中国特色社会主义共同理想信念教育为核心，以爱国主义教育为重点，以基本道德规范为基础，以全面发展为目标，全面、全方位开展思政教育；把马克思主义中国化的最新成果、中国特色社会主义理论体系和中国梦的基本内容、社会主义核心价值观的基本要求融入教育教学全过程中，帮助学生树立科学的世界观、人生观和价值观；使大学生正确认识国家的前途命运，认识自己的社会责任，确立在中国共产党领导下走中国特色社会主义道路，实现中华民族伟大复兴的共同理想和坚定信念，积极引导大学生不断追求更高的目标。

一、指导思想

学生工作紧紧围绕落实立德树人的根本任务，依托学院职业素养教育，结合学生知易行难的特点，创新培养模式，着力构建一体化育人体系，积极推进全员全程全方位育人，在人才培养中重视学生的主体地位，积极打造以提升学生基础文明素养为核心的"五维"教育模式，以优良学风促进学生素质的综合完善，实现学生工作与学院人才培养目标的有效衔接，培养高素质的职业人。

二、目标内容

"五维"教育模式旨在通过职业素养养成基本素养，积极推动每一位青年学生自觉以习近平总书记勉励的"爱国、励志，求真，力行"为成长总要求，构建三全育人体系，在价值、文化、身心、品行、生活五个不同的维度将学生基本素养培养目标分解成一项项成长养成计划，发挥教育教学一体化育人价值，引导学生参与不同阶段的养成行动计划，以实际行动践行社会主义核心价值观，并外化于行。持续激励学生综合素养的全面提升，使之形成良好的职业态度、职业规范、职业道德、职业精神，努力培养具有家国情怀和社会担当的高素质、高技能即德智体美劳全面发展的社会主义建设者和接班人，具体如图6-1所示。

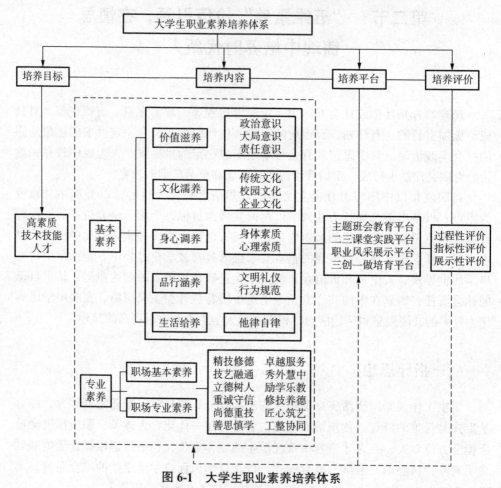

图6-1　大学生职业素养培养体系

三、五维设计

"五维"教育模式的设计循环递推，相互作用，相互促进。递推思想，就是把一个复杂的、庞大的教育过程转化为简单过程的多次重复，从入学教育直至大学毕业，这种从"起点"重复相同的方法直至到达一定"边界"，即"他律"到"自律"。这种教育方式发挥了学工队伍尽心尽责和诲人不倦的情怀特点，递推的本质是按"五维"教育逐步培养出一批批高素质人才（见图6-2）。

图 6-2　五维素养教育递推模型

四、五维实施

（一）价值滋养

【达成愿景】坚定信念　爱国爱校　团结友爱

深入学习贯彻全国教育大会和全国高校思想政治工作会议精神，切实提高政治站位，牢牢把握立德树人根本任务，强化"大思政"理念，着力构建一体化育人体系，积极推进全员全程全方位育人。

1. 党建三延伸

以党建引领学生思想政治工作，促进学院党建与思政教育不断融合、不断创新，开展党建工作三延伸，延伸到学生宿舍、延伸到实习企业、延伸到生活社区，开创学生思政教育的新局面，夯实思政教育基础，帮助学生树立正确的政治意识，促进大学生全面发展。

2. 思政进五堂

为了更好地促进大学生思政教育，有效地指导大学生的健康成长，思政教育贯穿教育教学全方位进五堂活动，引导学生健康成长成才。制定思政教育18个主题班会读本，以每周日晚主题班会日进行班级课堂教育，作为思政课最贴近、最有效的补充。开展学生公寓第二课堂，党团进宿舍，设学生公寓党员工作站，学生党员宿舍和学生干部亮身份等先锋示范，进行以社会主义核心价值观为主题的宿舍文化评比及内务比拼等活动，较好延伸课堂思政教育。加强社团社会课堂建设，实行社团导师负责制，建设学生素质教育的阵地，组织开展青年志愿者活动、假期三下乡社会实践、蓝天公益组织等社会实践，提升了学生社会责任感。开展企业讲堂，学生在企业顶岗实习阶段，在企业开展劳模精神讲座、企业文化讲座、职业导师职场讲座，以及进行岗位创新、敬业等实习评比表彰，营造良好的职场氛围，使学生树立成熟的职业意识定位。在学生食堂全面落实文明城市创建氛围，张贴社会主义核心价值观，并重点提倡勤俭节约，艰苦奋斗精神。

（二）文化濡养

【达成愿景】志存高远　诚实守信　精益求精

"以文化人"是新的历史条件下，习近平总书记为培育践行社会主义核心价值观提出的新要求。坚持"以文化人"，培育社会主义核心价值观，能够达到滋养人、教育人、锻炼人的目的。

1. 特色寝室文化

寓教育于生活的寝室主题文化建设能够促进学生文明素养和良好寝室学风的形成。打造具有革命教育的"红色公寓"，强化爱国、爱党、爱校的"三爱"红色文化。在公寓中树立"巾帼先锋楼""三先"先锋文化。在寝室文化建设中融入社会主义核心价值观元素、专业元素，建设了"公寓工作站阅览室"，鼓励学生将读书变成生活习惯。

2. 品牌校园文化

坚持"抓方向、抓特色、抓品牌、抓形象"的校园文化建设，倾力打造品牌活动，以提高学生人文素养为突破口，将中华传统文化融入教育教学过程中，构建"业、艺、趣"的校园文化培育体系，引导学生践行社会主义核心价值观，强化学风引导，使学生在参加活动的过程中潜移默化地受到影响。开展"一二·九"革命歌曲大合唱、职业风采展、五四文化艺术节等与人文、专业相关的系列活动，全面锻炼学生的综合能力。

（三）身心调养

【达成愿景】心理和谐　内外协调　健康向上

近年来，大学生心理健康问题已受到社会各界的关注，校园危机事件时有发生。人格是一个人的才智、情绪、愿望、价值观和习惯的行为方式的有机整合，人格缺陷是影响个体心理健康的重要因素，如何培养健全人格需要不断探索研究。

1. 四季育心养德

学院一直高度重视心理健康教育工作，始终致力于把心理健康教育贯穿于教育教学工作的方方面面，构建了四季育心心理健康教育体系，每月一主题，学生每月受教育面为100%，通过心理健康教育、竞赛、活动，既普及了心理健康知识，提高了全体学生的心理素质，培养他们积极乐观、健康向上的心理品质，又充分开发了他们的心理潜能，促进学生身心和谐可持续发展。

2. 四阶培养塑能

四阶培养主要根据高职学生在校期间的不同时间段的特点开展。

入学教育阶段，以感知教育为重点。引导学生树立良好的目标和进步的方向目标，从新生入校开始明确学习目标，形成良好的学习风气，端正学习态度。入学后的军事训练环节，不仅能锻炼体魄、磨炼意志、加强组织纪律性，同时学院将军训进行到底，利用退役军人，进行晨练、晨跑、晨训，养成了良好的身体素质和团队组织纪律。

专业学习阶段，以职业规划素养训练为重点。开展职业生涯大赛，为了帮助学生树立正确的成才观、就业观和职业价值观，以科学的态度规划自己的职业生涯，建立完整、合理的职业发展规划，实现自己的职业梦。组织创新创业大赛，促进学生提升创新精神、创新意识、创造能力。

顶岗实习阶段，以工作价值观教育为重点。充分发挥企业育人作用，开展职业导师的言传身教，培养学生敬业乐业的精神、认真踏实的工作态度。

毕业阶段，以感恩教育为重点。通过开展毕业嘉年华活动，创新毕业生主题教育活动形式、丰富毕业生的教育内涵、体现学院特色、彰显感恩情怀的活动，营造毕业生感恩母校、珍惜友谊的良好氛围。

（四）品行涵养

【达成愿景】品行端正　严于律己　敬业乐业

立德为先，修身为本，这是人才成长的基本逻辑。习近平总书记强调"在加强品德修养上下功夫"，要把"品德修养"作为社会主义建设者和接班人的基本素质。学院制定《学生职业品行规范》，从细微处入手，从小事中践行。

1. 行为要求

《学生职业品行规范》是学院学生工作特色内容，也是学生管理的有效手段，更是养成职业素养基本素养的有效方式。制定校园文明礼仪16条、日常行为"两规范一禁令"、课堂管理"三大纪律、五项要求"。基础文明修养的重点工作是纠正校园内发生在学生身边的不文明行为，通过制度化的管理，强化学生的纪律意识，培养学生良好的生活习惯、学习习惯，养成文明高雅的个人品质和行为规范。

2. 典型教育

通过优秀退役士兵、优秀学生报告会、示范班评选、先进事迹访谈会等活动，以榜样的力量发挥朋辈影响作用，激发学生奋发向上，引领前行。通过发挥他们的榜样力量，鼓励学生树立远大目标，努力提高自身素质，在比、学、赶、帮、超中带动学生快速成长。

（五）生活给养

【达成愿景】自我教育　自我管理　自我激励　自我提高

学生工作经过不断思考、创新探索，逐步回归教育的原点——生活即教育，还原学生自我管理的主体地位，提升学生构建自己与自己、自己与社会、自己与自然和谐共处的能力。

1. 学生自治

加强正面教育和自我教育，充分发挥广大同学的主观能动性，使其真正从思想上认识职业素养的重要性，从行动上增强文明素养的自觉性，发挥学生党员、学生干部的先锋模范和示范带动作用，建立了宿舍自治体系（宿舍长—楼长—层长—寝室长）、学生干部助理岗、校园文明督察岗等一批自律管理体系。通过对学生服务思维和管理行为的训练，培养学生的思考、管理、协调能力，逐步养成自我教育、自我管理、自我激励、自我提高的能力。

2. 学风自治

良好的学风是人才培养质量的保障，是学生工作取得进步的关键。基层班级学生工作实行年级组长—辅导员（班主任）—副班主任（学生干部）的三级联动机制，发挥辅导员的引导作用、班主任的导向作用和学生干部的示范作用。班风正则学风浓，把"抓班风促学风"作为学院学生工作的核心，开展"三创一做"，培养成员的集体荣誉感和班级凝聚力；加强对学生学习过程的管理和监督，规范早晚课及考勤制度，制定实行学院《班级量化监测管理办法》，完善学生综合素质测评制度等学习机制，在潜移默化中培养学生自觉的学习习惯和良好的行为规范，使学生的学习由他律转化为自律。

五、特色成效

（一）特色：他律自律

"五维"育人模式的成功，关键在于建立了学生他律自律自治机制，引导学生坚持自我教育、自我管理、自我激励、自我提高的长效机制。

学生自治机构是一个自上而下、自下而上的系统工程。以学生党员、退伍军人、学生干部为骨干的学生自治组织为主体，各学生宿舍、各班级、各社团设立自律体系（小组），并设置三级劝诫，建立激励、内化、评价、示范四级机制，形成了一种有效的学生自治机制。

（二）成效：四多四少

在建立有效的学生自治机制后，学生基本素养养成教育得以真正得到了落实，转变了他律与自律"两张皮"的现象，使学生最终从意识上升为习惯，学生综合素质明显提高，学生职业素养教育工作步入良性循环。学生遇见教师问声好多了，学生坚持每周义务劳动多了，学生公寓卫生干净整洁多了，学生宿舍垃圾自带下楼多了，学生上课迟到少了，学生上课旷课少了，早餐带进教室几乎没有了，违纪受处分人数大幅度下降了。

第三节　辅导员工作课程化，在立德
树人中提供专业保障

一、新时期高校辅导员工作课程化内涵

辅导员工作课程化是指辅导员的"业务"转变为"课程"，指的是辅导员日常琐事转化为课程，并按照课程实施的要求和规律加以建设。辅导员是教育教学团队的重要组成部分。辅导员工作课程化是科学、规范和系统地建立辅导员工作的有效方式，能进一步增强大学生政教的有效性，确保学校的稳定和有序，是一个重要的组织制度和有效保障。

（一）辅导员工作课程化的核心

新时代，辅导员的职责和责任更大。具体事务可以细分为思想政治引领、职业道德指导、心理健康教育、学业指导和帮扶、职业生涯规划和就业服务、团学活动、安全与稳定、奖励与贷款、日常事务、资料档案存管等。这些事务具有统筹性、一般性和概念化，在操作上具有规律性、重复性，在信息梳理上比较容易形成知识体系，可以面向学生集体教育。

（二）辅导员工作课程化的基本驱动力

以人为先，以生为本，以中国特色社会主义核心价值观为指导，全面提高人才培养质量。坚持立德树人根本任务，强化思想引领，强化全员协同，强化阵地融合，强化问题导向。工作者向教育者转变，以事为中心转变以人为中心，由自上而下的行政管理转化为上下结合和学术兼容的课程模式。

（三）辅导员工作课程化的现实路径

坚持教育教学一体化育人，第一课堂和第二课堂互融衔接，教师与辅导员

相辅相成，技术技能的传授与职业道德的培养有机统一，专业教学与政教和谐统一，教学观念和教育观念统一。要实现教育教学各环节协同育人，就需针对不断变化的学生特点和学生需求，把握学情，以问题为导向，分析和研究学生所想、所感、所惑，抓住以学生为本这一原则，提升教学的亲和力与针对性，实现思想价值引领课堂教学全程的目标，使课程育人效果切实管用。

二、辅导员工作课程化的原则

（一）政治性原则：坚持正确的政治方向

坚持正确的办学政治方向，是全面落实立德树人的根本任务。"才者，德之资也；德者，才之帅也。"人无德不立，育人的根本在于立德，实现全员育人、全程育人、全方位育人。要更好地运用党的创新理论武装大学生思想，形成正确的理论基础和政治素养。

（二）同向性原则：合目的性与合规律性

要把握利用好主渠道——课堂教学主战场，面对变化的国内外环境，要及时加强改进思政理论课程。切实提高政教的及时性和针对性，满足学生成长发展的需要和期望，为所有其他课程保持良好的渠道。目的性意味着每个元素的目标和标准在价值目标中是一致的。辅导员工作课程平台的构建基本上是以学生为本，其出发点和立足点是学生。规律性是指高职院校以建立道德为目标，构建辅导员课程，遵循思政工作规律，遵循教育教育规则，遵循法律规范。

（三）求实性原则：因事而化，因时而进，因势而新

思想政治工作从根本上讲是一项以人为本的工作，必须注重学生，关心学生，服务学生，不断提高学生的思想水平、政治意识、道德素质和文化素养，让学生成为具有能力和政治诚信的人才。中国特色社会主义建设进入了一个新的历史时期和关键时刻，对新时期高校人才培养提出了更加严格的要求。具体而言，它将受到新使命、新征程和新趋势的激励，让协同育人在与时代同步中"活"起来。

三、教育教学一体化下的辅导员工作课程化建设

（一）辅导员工作课程化建设基本思路

首先，梳理和总结辅导员在一体化育人背景下的工作，筛选可以选择的主要内容。初步确定了30个主题（见表6-1），将30个主题在学生中和辅导员中进行征求意见，最终确定了最受学生欢迎和最需要进行教育的20个主题。然后将其集成在一起，为不同类型的课程制定实施大纲。秉承集结辅导员全体力量和智慧，集中备课，打造精品课程并整合，编制辅导员课程化教材，对辅导员全体分享学习，丰富和提高所有辅导员的工作能力和水平，提高辅导员工作课程的教育成果。

表 6-1 辅导员工作课程化专题调查结果统计表

主题内容	认同项（%）		主题内容	认同项（%）	
	学生	老师		学生	老师
安全教育与自救知识	52.2%	92.0%	身心健康活动	33.5%	40.0%
创业指导	37.5%	48.0%	生命教育	35.3%	64.0%
感恩励志教育	25.2%	72.0%	时间管理	43.3%	84.0%
简历制作	39.7%	48.0%	时事政治教育	15.2%	44.0%
就业职业观	33.7%	32.0%	网络安全防诈骗	37.5%	64.0%
就业指导	51.0%	60.0%	网络文明教育	28.6%	64.0%
劳动实践	24.4%	32.0%	文明礼仪修养教育	51.7%	84.0%
恋爱情感教育	47.5%	76.0%	心理健康教育	49.3%	84.0%
面试技巧	42.7%	32.0%	学生手册与行为导引	11.8%	52.0%
企业文化认知	21.1%	24.0%	学业指导	27.5%	24.0%
情绪管理	52.4%	64.0%	职业生涯规划	56.7%	68.0%
人际关系交往	70.7%	88.0%	志愿服务	28.9%	28.0%

主题内容	认同项（%）		主题内容	认同项（%）	
	学生	老师		学生	老师
入党程序介绍	20.1%	64.0%	专业导入学习	31.3%	48.0%
入学适应教育	24.6%	68.0%	自我认知与定位	40.5%	64.0%
社会实践指导	29.4%	32.0%	自我心理调适方法	35.0%	72.0%

（二）辅导员工作课程化建设体系

无锡南洋职业技术学院以职业素养为指导，坚持一体化育人模式。坚持以学生为本的理念，注重学生素养和能力培养的全过程，通过对教育教学质量的评价，检验辅导员课程建设的实施效果。在综合教育的背景下，应遵循辅导员的课程，遵循课程建设的多样性、相关性、有效性和促进原则。将思政理论与综合素养教育结合，把辅导员思政工作分为引领、浸润、深化、拓展等四大功能（见表6-2）；把辅导员工作课程分为形势与政策、理想信念、科学思维和方法、职业素养教育等四大体系。让学生在不同的课程体验中加深对人才培养的理解和整合，提高他们的应用技能和专业水平。

表6-2　辅导员工作课程化建设体系

课程类别	功能定位	建设重点
形势与政策	引领	政教相关课程
理想信念	浸润	通识教育课程
科学思维和方法	深化	意识形态实践教育
职业素养	拓展	习惯养成准职业人

（三）辅导员工作课程化建设特色

1. 创新第一课堂和第二课堂，有利于人才培养的质量提升

首先，第一课堂是教育和教学的主要渠道；第二课堂是指在第一课堂外进行的一系列公开活动，以丰富的资源和空间为载体，它是高校个性化发展和综合素

质的重要平台。两大课堂构成了高校的教育教学体系。第二，以协同育人理念为指导，第一课堂和第二课堂都围绕着教育人的基本任务进行。第二课堂的教育理念和"学习"教育理念直接反映了目标的一致性。辅导员是大学生第二课堂的重要参与者。协同育人效应强调系统内驱力，即在外力的推动下子系统产生协同作用，实现从无序到有序的稳定转变。对于第一堂课与第二课堂协同育人而言，正确的理念便是协同的外力，要求学生将理论知识与实践相结合，把专业知识学习和职业素养养成有机结合起来，把技术技能的传授与职业道德的有机统一，推动高校教育、管理、服务等一体化育人工作，提高教育工作者的效率和效益，提高高校人才培养质量。

2. 创新高职辅导员工作的新模式和政教新路径，有利于提高政教质量

首先，辅导员在高校中具有教师和学生管理者的双重地位，但事实上，辅导员往往偏向于学生管理工作者，在教育教学方面，辅导员的地位较低，教师的身份在很大程度上被削弱了，通过辅导员的工作课程化建设，辅导员教师的作用得到了加强。第二，高校现状是大多数辅导员在学生管理工作中高强度工作，每天忙于处理学生管理各项事务，没有一个规范的职业化发展平台给予支持。因此，要通过规范和整合辅导员工作内容，具体化辅导员课程化内容，为辅导员梳理工作内容和流程，发掘辅导员的个性特长和专业爱好，引导辅导员往一个专业领域不断提升，为辅导员提供专业的咨询发展平台。

四、一体化育人背景下辅导员工作课程化实施

（一）树立思想政治育人新理念

思想是行动的先行者。首先，辅导员的工作课程化从教学的角度衡量辅导员的工作，并以教学的形式为辅导员的日常工作开辟一条新的途径。它极大地增强并有效地履行了辅导员的工作标准和责任。其次，辅导员课程可以帮助辅导员工作进行整合和优化，帮助辅导员在专业和专业方面发展。再次，随着教育改革的不断深入，面对当前经济、社会和学生的新发展，推进辅导员工作课程，能够加强辅导员队伍建设，提高大学生政教实绩。

（二）构建政教课程新体系

思政教育是宏观和微观的，既系统又复杂。要坚持立德树人为中心，在教育

教学的全过程实施"三全育人"。辅导员工作课程化的实施有助于构建全面的职业教育政教体系。在过去的政教工作中，教育和教学脱节。辅导员个人政教缺乏全面的知识水平，这对政教的质量产生了影响。课程模式的实施不仅将辅导员的工作作为一门课程，知识体系的建立也使辅导员的思想工作得以在强有力的监督和指导下进行，对于学生的政教将更有效果。

（三）搭建辅导员工作课程化的新载体

为辅导员创造新的工作方式可以提高高校政教的有效性。过去，这是繁忙的琐碎工作，导致辅导员不仅没有时间也没有额外的精力去做学生的思政教育工作。这对学生政教的效果影响很大。然而，工作课程化有利于辅导员工作创新和辅导员思想政治工作的标准、内容和目标的建立，促进了辅导员政教工作能力的提高，为高校政教工作提供了有力的教师保障。

（四）丰富辅导员工作课程化的新内涵

辅导员工作内容要统筹规划，并且要充分考虑社会需求和学生成长需要。

首先，可以将对学生日常的思想和行为引导工作进行系统的整合，整合后再进行分类。分类方法可以根据学生的年级、专业群、教育教学进行，使学生在大学期间的每个阶段，在获取理论和技术知识的同时，在思想、道德和综合素质方面也有所提高。其次，大学生处于人生成熟和发展的重要阶段，在这期间逐渐学习社会生活经验，增强自我认识能力，丰富个人情感意识。为此，在这个时候，学生形成良好的道德和情感意识，对未来的工作和生活具有重要的指导作用。

（五）彰显思想政治工作育人新高度

面对新时代立德树人新格局，从之前研究成果来看，目前高职院校对辅导员工作课程化的研究仍处于前期发展阶段，尽管现有的研究在一定程度上为民办高职院校辅导员工作课程化奠定了理论基础，但大部分学者注重从政教的角度和辅导员队伍能力及课程体系进行全面分析和研究。针对新时期、新经济、新产业、新业态对高职院校技术技能人才培养要求，笔者在就职单位，带着团队就教育教学一体化育人背景下的辅导员工作课程化进行了深入细致的研究。经过近两年的探索实践，编制了辅导员工作课程化20个主题，有了一定的实践成果，也逐步探索出一条解决教育教学过程中人才培养"两张皮"问题的道路，并坚持立德树人作为中心环节，把新时期新思想政治工作贯彻教育教学全过程，从一体化育人视角入手，构建一体化育人下辅导员工作课程化新型体系。

第四节 "三创一做"学风建设，在博学固本中激活成长动力

一、民办高职院校学风建设现状与问题

第一，学生学习动力不足。民办高职院校的学生对"民办"两字很敏感，与同本科批次的独立学院甚至是公办高职院校的学生相比，他们自信心不足，自我感觉低人一等。在这种情况下，大部分学生虽然能够正视现实，努力向上，但也有部分学生不能正确处理学习与成才的关系，学习缺乏动力。

第二，学生学习态度不端正。部分学生缺乏理想和目标，认为接受学校的教育是为了"混"张文凭，对于学习成绩听之任之，出现经常逃课、沉迷游戏现象。

第三，学生学习纪律松懈，作风疲沓。主要表现为部分学生上课迟到、早退、自习缺席、无故旷课的现象比较严重，有的学生考试时抱着侥幸心理，作弊现象时有发生，严重影响和破坏了校园学习风气。

二、加强民办高职院校学风建设的必要性和紧迫性

一是加强和改进大学生思政教育的需要。《关于进一步加强和改进大学生思政教育的意见》指出，加强和改进大学生思政教育的主要任务之一是："以大学生全面发展为目标，深入进行素质教育，促进大学生思想道德素质、科学文化素质和健康素质协调发展，引导大学生勤于学习、善于创造、甘于奉献，成为有理想、有道德、有文化、有纪律的社会主义新人。"加强学风建设是学生思政教育的一个重要切入点，只要抓住学风建设这个关键不放，思政教育就一定会取得成效。

二是民办高职院校生存和发展的需要。高等学校的生存和发展，主要取决于高校的社会声誉和社会地位，而高校社会声誉和社会地位的取得有多方面的因素，人才培养的质量是其中一个相当重要的标志。学风建设作为高校自身建设的一个很重要的方面，直接影响到学生的知识文化素质和思想道德素质，影响到学校所培养的人才质量，最终将影响到学校在市场经济中的竞争能力。民办高职院校作为我国高等教育改革发展过程中的新生事物，更要把抓好教学质量作为自身可持续发展的重点。

三是促进学生成长成才的需要。学风建设既是学校育人的需要，也是学生成才的需要。一名大学生自觉养成良好的学习习惯，无论是对当前的学习还是对今后的成长与发展都是至关重要的。民办高职院校的学生毕业后能否顺利就业，能否在激烈的就业竞争中占据主动，关键要看其是否真正掌握了现代科学知识及其实践运用能力。大学阶段是一个人养成科学的思维方式、全面提高综合素质和能力的主要时期，也是一个人形成正确的世界观、人生观、价值观，树立远大理想的关键时期，而所有这些个人品德才能的培养，都贯穿于良好的学风之中。

在这方面，无锡南洋职业技术学院的学风环境建设可以当作典型案例进行分析。

三、"三创一做"学风建设的实践情况

当前新一代的学生群体发生了很大变化，他们在思想认识、道德选择、价值取向等方面的独立性、多样性、复杂性、差异性日益增强，对大学生思政教育和学生管理工作提出了严峻的挑战。

职业教育作为经济社会发展的重要基础，肩负着为社会和企业培养高素质、高技能、创新型人才的重任。

学院长期以来把学生职业素质培养摆在人才培养的重要位置，坚持以立德树人为根本，不断探索职业素质教育新路径。《高校思想政治工作质量提升工程实施纲要》提出以全面提高人才培养能力为关键，强化基础、突出重点、建立规范、落实责任，一体化构建内容完善、标准健全、运行科学、保障有力、成效显著的高校思想政治工作质量体系，形成全员全过程全方位育人格局。学院结合实际，对学生思政教育进行了思考，加大建设力度，明确提出了"三创一做"举措，明确了教育教学一体化工作思路，大力开展职业素养工程，通过搭建多样的培养平台，大力提高立德树人能力，全面引导学生健康成长成才。

开展"三创一做"主题活动，凝练了基层班级建设主题。将优良学风班建设、宿舍管理、校园文化活动概括为"三创一做"，即"创建优良学风班、创建文明宿舍、创建特色校园文化活动、做文明有礼人"。其覆盖面广、参与度高、影响力强。

经过长期建设，大力推行"三创一做"有力促进了学院"三全育人"能力的全面提升，育人成效显著。如学生公寓党员工作站入选江苏省教育系统基层党建2019年"书记项目"立项；职业素养教育工作经验获中国民办教育协会专题报道；"12256"职业素养项目获无锡市2018年职业素养提升创新项目；"一体化育人"获无锡市2019年职业素养提升创新项目；创新创业项目获得2017年无锡市大中专院校创业能力大赛金奖一项、三等奖一项；2018年无锡市大中专院校创业能力大赛一等奖一项、二等奖两项、三等奖一项；团学幼儿教育支教项目入选2017年团省委志愿者暑期社会实践省级重点团队；主持人同伴教育项目获2018年无锡市二等奖一项、三等奖一项。同时涌现出一批批优秀杰出的学子，如汽车学院"见义勇为"获得者乔鼎、抗洪英雄孙晋虎，汽车学院李建豪参加朱日和演习，航旅学院徐宇萱参加中华人民共和国成立70周年阅兵式，建艺学院反恐英雄张宇获江苏省大学生就业创业人物一等奖、入选全国大学生就业创业典型人物等。

四、"三创一做"学风建设的主要做法

（一）实施"优良学风示范班"工程，创优良学习风气

根据《无锡南洋职业技术学院关于加强学风建设的指导意见》，这一工程以优良学风班创建为引领，旨在加强基层班级建设，发挥班级在学风建设中的堡垒和纽带作用。从2017年10月开始，通过宣传申报、创建实施、总结展示三个阶段，到2019年6月，涵盖全院6个二级学院，78个班级申报，最终通过班级自评、院系测评，学院复核，56个班级被评为"优良学风班"，其中16个班级被学院授予"优良学风示范班"称号。可以说，"优良学风班"的创建评选工作，大大促进了学院的学风建设工作，为学院学风建设长效机制打下坚实的基础。

（二）实施"文明宿舍"工程，创文明健康环境

健全学生公寓管理体系，丰富学生公寓文化活动，学院开展了学生"四自

管理"学生思想政治工作延伸至学生公寓，通过党员工作站的建设、宿舍文化活动、文明宿舍创建、寝室长培训、内务比拼、叠被子大赛、推动无烟宿舍示范点、红色公寓、星级宿舍等活动，全面提升宿舍文化内涵，提高了学生文明修养，涵养学生以寝为家情怀，丰富校园文化生活，推动宿舍精神文明建设，促进管理育人、服务育人、文化育人、环境育人的学生工作落细落实，推动学院学生管理工作进一步发展。

（三）实施"校园文化品牌活动"工程，创多彩第二课堂

以品牌社团和特色活动为载体，学院广泛开展了校园文化活动，既注重一般活动的常态化，又注重特色活动的个性化，注重第二课堂建设。学院利用主题节日契机举行大型活动：在植树节之际组织学生参加滨湖区绿色环保植树活动，在清明节组织学生到无锡市烈士陵园进行祭扫，在"五四"青年节之际开展十字青春"红五月"系列活动。活动形式有舞蹈大赛、健美操大赛、传统文化进校园、职业风采大赛、毕业嘉年华、校园徒步大赛、朗读经典、心理健康活动、青年大学习、社团评选、亮团旗团徽做优秀团员、"一二·九"革命歌曲大合唱等，进一步丰富和提升了校园文化氛围。

（四）实施"基础文明建设"工程，做文明有礼人

学院坚持以立德树人为根本任务，在贯彻职业素养过程中，更关注学生职业素养中核心素养，在关注学生能力和品格同时，更关注学生的"态度"，制订了文明礼仪，发布了"课堂两规范一禁令""三大纪律五项要求"。学院还开展了学生宿舍"四自"管理、宿舍内务卫生专项、校园卫生专项、学生文明督察专项、退伍军人义务安全员等项目，充分发挥教育管理服务和文化活动育人功能，深化文明校园建设。

五、"三创一做"学风建设的成效

（一）抓基层，强基础，扎实推进学生基层组织建设

（1）加强制度建设，保证学生基层组织建设。
（2）加强思政教育，引领学生基层组织建设。

（3）加强学生学风建设，促进学生基层组织建设。

（4）加强学生日常行为管理，规范学生基层组织建设。

（5）加强学生骨干队伍建设，激发学生基层组织活力。

（二）创特色，重实效，努力实现学生工作创新发展

形成具有学院一体化育人特色的学生基层组织建设机制，二级学院建立健全具有自身特色的班级基层管理机制。

绝大多数学生都能逐步养成自我学习、自我管理、自我服务的良好习惯；无故迟到旷课逐步减少，到课率提高；逐步减少宿舍卫生安全不合格情况，提高优秀率；逐步养成良好纪律意识和文明习惯，基本素养逐步提升。

涌现出一大批在品德修养、文明礼仪、行为文明、校园文化组织、就创业等职业素养方面获得极大发展的学生骨干。

（三）创新主题教育，彰显校园文化特色，提升文化育人成效

凝练校园文化主线，弘扬主旋律，弘扬正能量，营造寓教于乐的校园文化氛围。精心设计和组织开展内容丰富、形式新颖、吸引力强的思想政治、专业科技、文娱体育、志愿服务等校园文化活动，形成具有特色的校园文化成果和主题教育。各类主题教育有近121项，主题覆盖面广，参与率高，成效明显。

第五节　"四季育心"健康教育，在成长
成才中增强心理品质

一、特色内涵

（一）特色背景

心理健康教育作为培养大学生良好心理品质的重要途径，应以培养和提高学生适应社会的需求为目标，以注重潜能开发、关注积极品质为理念，内容包括情绪调节、

意志锻炼、乐观开朗、勇敢创造、理性平和、阳光自信等积极心理品质的培养。

当前高校院校中多为新一代的学生，用人单位及社会对其普遍存在以下评价：适应能力较差、自我意识较强、耐挫能力有待于提升，意志力不足等。这就需要高职院校重点培养良好心理素质的高素养职业人才。

无锡南洋职业技术学院的心理健康教育工作，近年来围绕学生的心理素质养成，遵循学生身心发展规律，结合学生在不同时期、不同季节可能存在的普遍性问题，构建了"四季育心"的系统化心理健康教育体系，有效促进学生良好心理品质的养成。

（二）特色思路

以"四季育心"为核心，科学设计"十大主题"教育内容，列入人才培养方案，实施学分考核；以"五大载体"为依托，开展丰富多彩的"四季育心"文化活动；构建"四大平台"对接机制，共育心理素质高的职业人才，做到"五方融合"，发挥心理健康教育团队的聚力作用。

（三）特色成效

1. 弥补了目前高职院校心理健康教育的不足之处，提升了育心工作的时效性

我国大学生心理健康教育起步比较晚，在理论体系、教育内容和方式等方面与学生心理发展的需要脱节，缺乏系统性、针对性和实效性。无锡南洋职业技术学院心理健康教育构建的"四季育心"体系，有效弥补了以上不足，不仅重点关注部分"心理困难"大学生心理健康的状态，同时开展了面向全体大学生，以提升学生心理素质为主的支持型、发展型和应用型的普及性、持续性心理健康教育。

2. 学生心理素质逐渐完善，职业素养逐步提升，形成良好的育心氛围

全员、全程、全方位和全面的心理健康教育，形成了良好的育心氛围，教育活动内容丰富，集教育性与趣味性于一体，学生参与度广、互动性强。做到周周有活动，班班有活动，做到心理健康教育进企业、进广场、进班级、进公寓、进餐厅，有效提升了学生的环境适应能力、团队协作能力、时间管理能力，助力高职学生职业素养养成。

3.注重总结研究，形成基于心理素养培养的育心读本和活动指导手册

无锡南洋职业技术学院不断完善基于心理素养培养的心理健康教育教材，使用由南京大学出版社出版的"十三五"规划教材《高职学生心理健康教育读本》，集案例解读、知识传授、心理体验和行为训练为一体。另外，学院将心理健康教育活动方案汇编成指导手册，有利于全员育人，保证心理健康教育的100%覆盖，切实提升学生心理素质，促进全面发展。

4.人才培养质量逐年提升，深受家长和用人单位的好评

多年来，学院基于心理素养培养的心理健康教育已让团结协作、自信阳光、勇于创新等职业素养渗透到学生学习生活的方方面面。育心是一个潜移默化的过程，经调查，学生家长反馈学生的时间观念增强，解决问题的能力提升，文明礼仪养成，情绪管理能力改善等，用人单位反馈学生勇于创新、善于沟通、团队协作能力强等，对学院毕业生综合评价及满意率逐年提升。

二、经验做法

（一）以"四季育心"为核心，构建科学的系统化育心体系

近年来，无锡南洋职业技术学院把心理健康教育列为必修课，在日常工作中遵循学生心理困惑与季节对应的规律，在春、夏、秋、冬四个季节，以学生心理发展为主线，做到预防干预和发展教育并举，形成了以"四季育心"为核心的系统化育心体系。

秋季以"适应教育"为核心，开展"心理适应——良好的心理适应能力与培养""心网安全——健康的网络心理与培养"和"心灵归属——我在我班，我爱我班"团体心理辅导活动，提高学生的适应能力、表达能力、团队协作能力及创新意识等。

冬季以"生命教育"为核心，开展"心理距离——良好的人际交往能力与培养""心路护航——生命教育及自杀预防"，提升学生的沟通能力和交往能力，帮助学生建立正确的生命观、价值观等。

春季以"互助教育"为核心，开展"心理解密——完善的自我意识与培养""心职体验——健康的职业规划心理与培养"，培养学生感恩意识、自我意识，提升自我管理能力及时间管理能力等。

夏季以"成长教育"为核心，开展"心海波动——良好的情绪与管理""心心相悦——健康的性心理、恋爱与培养""心情环保——健康的挫折心理与培养"，培养学生情绪表达和调节能力、耐挫能力及解决问题的能力等。

（二）以"五大载体"为依托，开展丰富多彩的校园育心文化活动

近年来，无锡南洋职业技术学院围绕"四季育心"，以互助和自助为主要途径，构建了教材、活动、实践、竞赛、网络五大载体。第一，以教材为载体，编制适合学生成长的教材，发放《心理健康知识学习手册》，摒弃重理论知识传授的特点，以学生心理特征为切入点，着重引导学生积极应对和解决问题，注重能力的培养。第二，以活动为载体，开展了一月一主题，以及"9.20就爱您""12.5要爱我""3.20咱爱您""5.25我爱我"等特色主题活动，营造了育心活动进企业、进班级、进宿舍、进广场、进餐厅等全方位的育心氛围。第三，以实践为载体，提出每位学生每月必须参与一次育心活动，要求寒暑假必须参与社会实践活动，以促进学生行为上的训练和改变。第四，以竞赛为载体，开展了"宿舍心理嘉年华""心理趣味运动会""心理健康知识大比拼""心理主题班会大赛""团体心理辅导技能大赛"等活动。第五，以"网络"为载体，充分发挥互联网功能，通过学习通、公众号、微信群、QQ群等平台引导学生自我教育。

（三）构建"四大平台"对接机制，共育心理素质高的职业人才

无锡南洋职业技术学院心理健康教育围绕"四季育心"，构建了"四大平台"对接机制，共同指向学生良好心理品质的养成。第一，心理健康教育中心负责规章制度建设、工作目标、理念、团队建设与管理、科学研究等，提升育心工作的实效性。第二，心理健康教育教研室负责课程的开发、完善以及授课，促进学生心理品质的发展。第三，心理咨询室负责完善咨询服务，提供案例研究，解决学生心理问题和完善学生个性品质。第四，企业心理工作辅导站通过三师制，负责工学交替，以及实习期间对学弟学妹的心理建设、心理帮扶、心理调适等引导和帮扶，每年开展2期"工学归来话成长"的交流帮扶活动。

（四）做到"五方融合"，发挥心理健康教育团队的聚力作用

近年来，无锡南洋职业技术学院心理健康教育围绕"四季育心"，以培育良好心理素质为基点，充分发挥"教师、辅导员、家长、班级心理信息员、寝室

长"的作用，做到"五方融合"，形成合力，分别在课堂上、学习上、生活中、班级里、宿舍内给予学生全方位的关心、关爱和帮扶，从不同层面发挥聚力作用，各司其职，帮助和促进学生良好心理品质的养成。

（五）打造朋辈品牌，注重寓教于乐，促进互助成长

无锡南洋职业技术学院大学生朋辈互助工程，以覆盖全体、人人受益、互助成长为宗旨，通过朋辈互助、共同发展的模式，打造学生心理素质成长教育的品牌。

朋辈互助队伍进企业、进班级、进寝室，深入学生群体。学院设立了"心理信息部（6个）——班级心理委员（306名）——宿舍心理信息员（756名）"三级构架的朋辈互助队伍，心理健康教育工作的触角借助大学生朋辈互助队伍深入学生群体的最深处。

有团队、有培训、有发展，朋辈互助模式激励学生成长。大学生互助队伍由学院心理健康教育中心负责，纳入职业素质培养体系课程，每年有序开展10期30课时相关培训，坚持"先成长才能互助，在互助中继续成长"的管理理念，积极搭建发展平台。

三、思考启示

第一，理念是方向。心理健康教育是潜移默化的过程，心理健康教育的宗旨是培养理性自信、阳光平和的大学生。四季模块、每月主题都要围绕学生成长成才服务体系，在实施过程中，要不断地深化教育理念，保证心理健康教育的正确方向。

第二，考核是动力。为了促进比、学、赶、帮、超的工作状态，心理健康教育工作既要理念的灌输，也要充分发挥考核的重要作用，保证工作的积极性，保障各项活动的水平和质量。

第三，队伍是润滑剂。在实施该项目的过程中，要先理顺心理健康教育的队伍体系，形成"心理健康中心—各二级学院—各班级—各宿舍"的工作条线，建立了"心理健康教育中心老师各二级学院心理专员—各心理信息部—班级心理信息员—宿舍心理信息员"的工作队伍，使得各项活动能够有序开展，同时确保心理健康教育活动的覆盖面。

学院心理健康教育立足民办高校实际，创新实践，长期积累形成了一定的工作特色，构建了"四季育心"的系统化心理健康教育体系，是学院立德树人和校

园文化建设成果的集中体现；开发了具有生命力的"十大主题"的育人课程，开展了具有感染力的"四季育心"的育人载体，搭建了具有凝聚力的"四大平台"的共育平台，建设了具有创造力的"五方融合"的育人团队，具有独创性、时代性、开放性、实效性。

第六节　"六个融合"就创服务，在人才培养中实现优质就业

无锡南洋职业技术学院作为苏南地区第一所民办高职院校，在20余年的办学实践中，坚守办人民满意的教育底线，恪守"学成致用"的校训和"天道酬勤"的校风，以职业素养教育为核心，以教育教学一体化育人为平台，致力于培养敬业的职业人。学院在毕业生就业创业工作中，坚持立德树人，服务区域经济发展，强化职业素养引领，将就业创业教育融入学生思政教育和人才培养全过程，全力推进育训融合、"三线"融合、双证融合、政行企校融合、思创融合、赛创融合的"六融合"就创业体系，增强就业育人工作成效，促进毕业生充分就业和高质量就业。

一、育训融合，人才培养模式改革不断深化

守教育之初心，促职业人发展。为有效解决人才培养中学生职业品质和企业文化匹配的问题，学院致力敬业职业人培养，聚焦学生职业态度、职业规范、职业道德、敬业精神，充分发挥职业素养对提振职业技能的内涵发展作用，发挥职业技能训练对职业素养培养的实力拓展作用，构建育训融合的"职业素养＋职业能力"的双螺旋培养体系。与行业企业开展人才培养深度合作，深化专业集群建设，创新"现代学徒制""1＋X"教育，实行"定向订单班""冠名班"人才培养，实现"双主体"合作育人。优化课程改革，完善"平台＋模块"课程体系，在人才培养方案中专设职业素养教育模块和基本素养平台、专业素养平台、一体化育人平台。

二、"三线"融合，人才培养质量不断提升

学院遵循人才社会需求规律和职业素养教育发展规律，整合教学工作、学生管理工作、行政管理工作三条战线的力量，解决教书与育人"两张皮"的问题，建立了教育教学一体化育人的平台。深化第一、第二、第三课堂融合度，强化第一课堂"德技并修"意识，大力实施第二课堂"以文化人"，积极推进第三课堂"工匠精神"。把教学工作和学生管理工作相融合，实施教师、师傅、辅导员"三导师"联合，共同培育学生，形成开放协作育人新格局。加强"三方协同"，做好教学工作、学生管理工作、行政管理工作的有机融合，教师教书育人、辅导员班主任管理育人、行政人员服务育人有机融合，推动全员、全过程、全方位教育，把教育教学一体化育人落实落细。

三、双证融合，提升毕业生就业核心竞争力

学院注重创新多元评价、标准引领，在人才培养体系里设计了学业学分和职业素养学分双考核制度，构建职业素质培养管理内容体系化，突出敬业职业人培养，提升就业核心竞争力。制定《无锡南洋职业技术学院职业素养学分管理办法》，探索学生德育智育量化考核机制，注重过程管理；制定《无锡南洋职业技术学院职业素养教育专项活动实施计划及评价方案》，重点突出学生技能积累和职业素养提升，提升毕业生综合就业能力。学生毕业证和职业素养证书同时获得，主旨在培养学生过硬的专业技术能力，同时还注重培养他们良好的道德品质、工匠精神和职业忠诚度，使毕业生更符合企业的需求。

四、政行企校融合，不断增强服务发展能力

为深入贯彻无锡市委、市政府创新驱动发展核心战略和产业强市主导战略，学院与无锡市人力资源集团开展"才聚名企"校园服务平台，围绕专业集群，搭建政行企校合作平台，行业企业深度参与，针对性开展职业技能培训，拓展学院毕业生就业能力和就业广度。学院采取"走出去、迎进来、强联合"的市场开拓模式，巩固原有就业市场、加强就业交流、拓宽就业渠道。定期举办一定规模的校园招聘、专场招聘会及网络招聘会，努力拓宽毕业生就业渠道，扎实做好毕业生就业指导服务。

五、思创融合，夯实立德树人根基

学院将社会主义核心价值观贯穿于双创教育之中，基于思政教育与就业创业教育协同，将创业工作作为学院"一把手工程"，充分发挥党建引领作用。坚持社会主义核心价值导向，构建工匠精神纳入机制，将工匠精神纳入人才培养体系之中、学生价值观培养体系中，创新创业大赛平台建设中。深化职业素养教育的精髓，打造以学生为中心的第二课堂，重点开展"辅导员工作课程化""工匠精神报告会""社会实践"，较好地将新时代工匠精神与就创素养培育融合。在"工学交替""新型学徒制"主题实践中，校企共塑就业创业素养，默化工匠精神。

六、赛创融合，激发大学生创新创业热情

学院高度重视学生的就业创业教育，全面普及大学生职业规划知识，将就业、创业教育融入思政教育活动中，组织学生进行职业生涯规划大赛、简历制作大赛、创新创业大赛等，更好地营造了良好的创新创业校园氛围。深入实施创业引领计划，通过创业大赛，拓展新业态就业空间，支持鼓励毕业生实现多元化就业，引导毕业生主动适应新业态、新用工方式。学院创业指导站孵化校内创业项目，"车工坊汽车养护中心""尚美礼仪队""电商营销""新文化传媒工作室"等，为学生提供了创业实践的机会。构建完善"12345"就业创业工作模式，形成实践育人就业创业教育的新样板，毕业生自主创业比例上升65%。

随着学院教学改革的不断深入，人才培养质量逐步提升，毕业生就业更充分，就业质量逐步提升。毕业生初次就业率高于全省高校平均初次就业率，年终就业率在全省同类院校前列。用人单位对毕业生满意度在98%以上，近40%毕业生就业在无锡，92%左右在长三角就业。学院近年获国家级创新创业奖3项，省级4项，连续3年在无锡市大中专院校创业能力大赛中获得一等奖5项、二等奖8项、三等奖11项；通过"六融合"就创体系，建立人才精准对接服务平台，增强人才供给力，全面推进学院建设苏锡常都市圈职业教育样板校，为区域经济社会发展提供有力的人才和智力支撑，为建设"强富美高"新江苏做出更大的贡献。

第七节 "343"网格化宿舍管理，在校园文明中夯实安全底线

为进一步建立健全无锡南洋职业技术学院学生宿舍管理机制，加强校园安全管控，改善学生生活和学习环境，促进校园和谐发展，建立科学规范的宿舍管理制度，无锡南洋职业技术学院结合省市精神和学校制度，建立了"343"网格化宿舍管理体系。通过"343"网格化宿舍管理加强学生生活环境的自我管理，及时了解掌握学生思想状态和生活状况，促进学生养成良好的生活习惯，树立积极向上的学习和生活作风，发挥学生骨干的带头作用，培养学生的责任意识，打造文明有序的校园生活环境。

一、"343"网格化指导思想

"343"宿舍网格化管理要坚持以人为本的指导思想，制定科学化、规范化的管理制度，为学生创造安全可靠的生活和学习环境，通过建立管治、自治、德治的网格化管理体系，拓展学生意见建议的反馈渠道，落实管理队伍的责任义务，真正提升学校中学生生活区域的管理水平。同时加强学生思想政治管理，提高学生精神面貌，树立学生文明有序的自我管理意识，促进培养新一代大学生全面发展。

二、"343"网格化管理目标

通过"343"网格化管理，建立"垂直管理、横向协作、细致入微、权责明确、责任到人、实时反馈、定期研讨、动态把控"的学生宿舍管理体系。一是要做到实时把控，区域责任人要实时了解各区、各楼层及宿舍的管理状况，同级责任人定期通过研讨相互学习促进，不断为改善管理制度提出可行性建议；二是要做到责任到人，明确各个网格管理负责人的管理制度及管理办法，提升责任人勇于担当的服务意识，通过长期有效落实制度，真正将学生宿舍管理做到精细入微，让学生形

成文明有序的生活习惯；三是动态反馈，建立畅通的学生与管理者，以及各个网格负责人之间的反馈渠道，及时了解掌握学生生活及管理体系存在的问题，主动反馈问题和解决问题，定期开展研讨会议，不断完善网格化管理制度。

三、"343"网格化管理内容

做好日常管理，将学生意见和建议等信息及时整理反馈，各种生活服务设施及时检查记录，报修反馈，制定生活管理执行标准，设立网格各层级监督责任人员。定期检查宿舍和楼层的相关设施，了解学生宿舍的生活状况。

做好卫生管理工作，管控宿舍、厕所、楼层及宿舍周围环境的卫生状况，建立网格各层级值日排期表，做到每周三一次大扫除。同时为防控疫情等突发状况，提前做好预案，及时响应防控指示，保证卫生防控信息传达渠道通畅，为学生提供安全卫生的生活环境。

做好安全管理，每日检查消防安防设施，定期组织宣传消防安防知识，协同学校相关管理部门定期组织防火、防灾、防盗演练，遇到突发状况要做到多种防备、有法可依、有序执行，每日检查各种安全隐患，充分保障学生的安全。

建立健全各项宿舍管理规章制度，责任到人，明确网格化各级负责人的职责义务，主动反馈存在问题，不断完善规章管理制度。积极宣传宿舍管理制度，鼓励学生通过网格化管理办法形成自我管理、自我教育、自我服务、自我监督的自治组织。

以党员为核心纽带，积极做好思想宣传工作，及时传达上级相关指示精神。定期做好党建党史宣传工作，通过协同预备党员网格化管理，考察预备党员的各项素质要求，学生党员要在宿舍管理中起到有责任、有担当的带头作用。

树立学生宿舍文明新风，做好宿舍文化建设，打造有文化、有特色、有底蕴、有创意的文明品牌宿舍楼。通过定期组织相关活动，丰富学生课余生活，提升学生的生活质量，充分发挥学生的创意创造才能。

四、"343"网格化管理方式

"343"网格化宿舍管理体系由学工队伍、宿舍管理员、学生干部三支管理队伍，实行区长、楼长、层长、宿舍长四级管理制度，明确每日"三查"（查安全、查卫生、查秩序）的工作内容。

宿舍是网格化管理的最小单位，也是网格化管理的最基础部分，要通过知识普及和制度宣传，让宿舍管理员充分了解和掌握网格化管理制度，带动学生积极响应制度实施，及时反馈学生意见和建议，与层长、楼长和区长建立沟通反馈渠道，相互协调配合完成宿舍管理工作。

学校成立网格化管理小组，指导网格化管理制度的实施，监督网格化管理成员的执行成绩，及时解决反馈的相关问题，配合网格化管理队伍的相关活动。区长是由学务部社管中心考核选拔产生的学院级学生干部。楼长是由各楼宇、各二级学院推荐，经学务部、社管中心考核产生的学院级学生干部。层长是由各楼寓楼管员和楼长推荐，报学务部、社管中心备案、考核的学生干部。宿舍长是由宿舍成员推荐，报二级学院、楼管员、社管中心备案和考核的学生骨干队伍。

首先，区长负责片区的住宿学生的数据采集、汇总工作，协助社管中心做好住校信息的数字信息的更新；协助社管中心老师每周卫生分数的核查与汇总；组织片区楼寓的活动、楼长培训、协助文明楼寓创建活动；协助社管中心做好宿舍区各项活动的宣传、微信推送、组织宿舍区域活动；统筹、协调、跟进、督促服务片区内楼长工作推进情况，及时汇报各楼寓工作开展情况和存在问题，发挥桥梁和纽带作用。

其次，楼长协助楼寓楼管员做好本楼寓学生思想教育和日常管理工作，发挥好上情下达、下情上传的桥梁纽带作用；关心学生的学习、生活，反映学生的正当要求和困难，对学生公寓管理工作中存在的问题提出合理意见和建议；积极开展各类有益活动，促进宿舍间融洽关系的形成；对突发事件及时报告，并协助调查处理。积极配合、协助组织楼寓文明楼宇、文明寝室、先进个人创建和评比相关工作。协助楼管对本楼寓的卫生、安全、晚归、夜不归宿等事项进行检查、上报。

再次，层长负责统筹、协调、安排、检查、监督本楼层各个宿舍的日常工作开展情况；收集汇总所负责楼层的住宿信息、学生意见、信息反馈、做好上传下达沟通工作；配合楼长开展文明楼寓、文明宿舍创建工作；统筹、带领本楼层宿舍长开展各项工作；协助做好日常卫生检查评比、安全巡查、夜间抽查工作。

最后，宿舍长是宿舍管理的最基层队伍，是学生收集意见的信息网，是发现学生问题的敏感神经，是组织开展活动的基础力量，是最广泛的学生骨干队伍，是各楼宇楼管员和楼长的管理团队，是二级学院辅导员的信息员，在学务部社管中心和二级学院双重指导下开展工作。

五、他律自律

网格化宿舍管理是寄望于学生骨干充分发挥好"四员"作用，即当好学生思想动态信息员、当好核心价值观宣传员、当好宿舍管文化建设的组织员、当好热心助学生的服务员。充分发挥学生自制自管能力，将安全、卫生、有序的制度转化为学生生活自理的习惯。通过推广网格化管理，提升学生骨干的管理能力和协调能力，熟练运用科学的管理方式系统化的管理学生生活。通过生活的自治自理可以有效地提升学生的文明意识，改变被动管理的疲态应付，积极改善自我的生活习惯，主动提升安全防患的意识，为学生步入社会奠定良好的行为习惯基础。

网格化宿舍管理帮助学生形成良好的自我管理意识，推行党建工作向学生生活社区、学生干部、学生宿舍"三延伸"，以学生党员和干部为纽带，以网格化管理为手段，落实学生党建宣传工作，发挥学生党员和学生干部的带头先锋作用，提升服务意识。通过网格化管理，加强学生与学校党支部的沟通连接，以学校党支部为指导，以网格化管理队伍为节点，让学生随时可以找到党组织，扩大党的影响力和覆盖面，引导学生主动参与组织党建活动，树立牢固的社会主义核心价值观，拥有大局意识，通过自我学习和自我管理，形成勤于思考、勇于创新、踏实肯干的生活作风，培养有担当、有能力、有智慧、有坚持的学生榜样。

通过网格化宿舍管理，培养学生自我管理的能力，以舍、层、楼、区为单位，做到卫生、安全、秩序自查自省，及时了解学生生活及学习遇到的问题，改善学生生活习惯，提升学生的责任意识和文明意识，促进学生党建宣传工作，培养学生勇于担当的精神。"343"网格化宿舍管理是科学可持续的管理手段，鼓励学生通过自我监督、自我努力改善学习生活环境，培养良好的生活习惯和文明意识，将学生生活的社区打造成文明社区的典范，有助于提升学生社区的安全感、幸福感，营造安全、温馨、和谐的宿舍环境。

第八节　学生骨干"四自管理"，在笃行致远中促进知行合一

无锡南洋职业技术学院长期以来把学生职业素质培养摆在人才培养的重要位

置，坚持以立德树人为根本，不断探索职业素质教育新路径，以全面提高人才培养能力为关键，强化基础、突出重点、建立规范、落实责任，一体化构建内容完善、标准健全、运行科学、保障有力、成效显著的高校思想政治工作质量体系，形成全员、全过程、全方位育人格局。

一、学生工作组织体系

学生管理模式：全面实行二级管理，管理中心下移，二级学院为主体，实行年级组长统筹，班主任管理为主，副班主任配合的学生管理工作新模式，确保学生管理工作的稳定和各项工作的开展。学务部统筹协调全院学生管理工作；党总支书记负责统筹协调本二级学院学生工作；年级组长（专职辅导员）负责统筹协调本年级学生管理工作；班主任、副班主任负责做好所带班级学生管理工作。根据教育部第43号令，学院多次进行学生管理队伍的改革创新，完善绩效考核机制，充分调动辅导员队伍工作的积极性，显著提高学生管理工作质量。

制度完善：学院结合实际先后制定并完善了《学生管理工作改革方案》《年级组长（辅导员）、班主任工作职责》《年级组长（辅导员）工作考核办法》《学生思想政治教师专业技术职务评聘工作条例（试行）》等系列制度，为学院学生队伍建设起到了有力的制度保证。为充分调动年级组长辅导员的工作积极性，发挥年级组长在学生管理改革中的主力作用，针对年级组长、辅导员、班主任月考核，施行院系两级绩效考核。

二、学情治理体系

进一步优化学情治理体系。学院围绕高素质高技能人才培养总要求，逐步提升五维素养育人成效，充分发挥教育教学一体化育人价值，引导学生参与不同阶段的养成行动计划，以实际行动践行社会主义核心价值观，并外化于行，持续激励学生综合素养的全面提升，使之形成良好的职业态度、职业规范、职业道德、职业精神。持续开展"三创一做"，坚持教育教学一体化与班级、宿舍、文化等基础建设紧密结合。积极运用科学有效的管理手段、执行《班级量化监测办法》，全面推进精细学生管理，建设良好的基层班级集体，实现一体化育人培养目标，真正落实立德树人根本任务。

进一步完善学生自治体系。学院不断创新探索学生管理育人工作，逐步还原学生自主管理的主体地位，提升学生构建自己与自己、自己与社会、自己与自然和谐共处的能力。加强正面教育和自我教育，充分发挥广大同学的主观能动性，使其真正从思想上认识职业素养的重要性，从行动上增强文明素养的自觉性，发挥学生党员、学生干部的先锋模范和示范带动作用，完善宿舍自治体系、学风自治模式、学生干部助理岗及校园文明督察岗等一批自律管理体系。通过对学生服务思维和管理行为的训练，培养学生思考、管理、协调能力，逐步养成自我教育、自我管理、自我激励、自我提高能力。

（一）三全育人：五维素养育人成才

五维素养教育模式旨在通过职业素养基本素养养成，积极推动每一位青年学生自觉以习近平总书记勉励的"爱国、励志、求真、力行"为成长的总要求，构建三全育人体系，在价值滋养、文化濡养、身心调养、品行涵养、生活给养五个不同的维度，将学生基本素养培养目标分解成一项项成长养成计划，发挥教育教学一体化育人价值，引导学生参与不同阶段的养成行动计划，以实际行动践行社会主义核心价值观，并外化于行，持续激励学生综合素养的全面提升，使之形成良好的职业态度、职业规范、职业道德、职业精神，努力培养具有家国情怀和社会担当的高素质、高技能，即德智体美劳全面发展的社会主义建设者和接班人。

（二）学风治理：三创一做

开展"三创一做"主题活动，凝练了基层班级建设主题，将优良学风班建设、宿舍管理、校园文化活动概括为"三创一做"，即"创建优良学风示范班、创建文明宿舍、创建特色校园文化活动，做文明有礼人"。坚持教育教学一体化育人工作常态化、制度化，通过"创建优良学风班，争做示范；创建文明宿舍，争当标杆；创建特色校园文化活动，争成品牌；做文明有礼大学生"活动实施，将教育教学一体化育人工作融入日常，抓在经常，突出创建活动的引领作用。以"三创一做"活动为抓手，坚持教育教学一体化育人工作常抓不懈，持续用力、久久为功，防止和克服紧一阵松一阵、表面化形式化、教育教学一体化与班级、宿舍、文化等基础建设相脱节等不良倾向。

（三）基层治理：班级学风量化管理

运用科学有效的管理手段、建设良好的班级集体，实现一体化育人培养目标，真正落实立德树人根本任务，是学院学生管理的重要内容。学务部根据学院一体化育人要求，结合学生工作实际，于2019年3月开始在一、二年级试行《班级状态量化检测管理办法》，对学院班级集体建设进行了量化管理的探索与实践，经过半年的实践，取得了一定的成效。班级量化管理通过对辅导员（班主任）工作方法、班级管理学生认可度、宿舍卫生、课堂规范、学生参与社团组织、安全管理、奖惩等信息的统计与分析，得到班级管理指数、学生健康指数，最后综合得出班级健康指数，旨在依据量化分析原则，准确地评估各班学生工作状况，夯实基层基础建设，激励和引导班级集体发展，从而引导班级集体朝学院人才培养目标方向健康发展。

（四）学生干部培养：青马班

青马干部学校重点培养对象是学生骨干、共青团干部和入党积极分子。实施学生青马干部培训，就是坚持不懈地用马克思主义中国化的最新成果武装青年，通过教育培训和实践锻炼等行之有效的方式，不断提高学生骨干的思想政治素质、政策理论水平、创新能力、实践能力和组织协调能力，使他们进一步坚定跟党走中国特色社会主义道路的信念，成长为中国特色社会主义事业的合格建设者和可靠接班人。

三、学生自治体系

（一）学生自律管理体系

经过不断思考创新探索，学生工作逐步回归教育的原点——"生活即教育"，还原学生自主自我管理的主体地位，提升学生构建自己与自己、自己与社会、自己与自然和谐共处的能力。加强正面教育和自我教育，充分发挥学生的主观能动性，使其真正从思想上认识职业素养的重要性，从行动上增强文明素养的自觉性，发挥学生党员、学生干部的先锋模范和示范带动作用，建立了宿舍自治体系（宿舍长—楼长—层长—区长）、学生干部助理岗、校园文明督察岗等一批自律管理体系。通过对学生服务思维和管理行为的训练，培养学生思考、管理、协调能力，逐步养成自我教育、自我管理、自我激励、自我提高能力。

（二）自我管理：学风自治模式

良好的学风是人才培养质量的保障，是学生工作取得进步的关键。基层班级学生工作实行"年级组长—辅导员（班主任）—副班主任（学生干部）"的三级联动机制，发挥辅导员的引导作用、班主任的导向作用和学生干部的示范作用。班风正则学风浓，把"抓班风、促学风"作为学院学生工作的核心，开展"三创一做"，培养成员的集体荣誉感和班级凝聚力；加强对学生学习过程的管理和监督，规范早晚课及考勤制度，制定实行学院《班级量化监测管理办法》，完善学生综合素质测评制度等学习机制，在潜移默化中培养学生自觉的学习习惯和良好的行为规范，使学生的学习由他律转化为自律。

（三）自我教育：公寓党员工作站

学生公寓党员工作站是学务部领导下的基于党建延伸和思政延伸至学生公寓的学生自治组织。随着学院学生党建工作的逐步深入，学生党员无论从数量还是从质量上都取得了新的突破；加上各个二级学院积极开展党建创新工作，学生党员工作站都已建立并初具规模。学生党员工作站是学院在学生党建上面的一个创新点，它的成立为学院职业素养教育提供了必要条件、环境和氛围。

（四）自我服务：学生助理机制

为构建学院与学生畅通的沟通联络机制，学生助理制度是学院学生干部队伍培养的创新之举，在学生干部中选拔一批责任心强、能力突出的学生干部到学院各行政部门岗位担任工作助理，用校本资源职场氛围锻造学生综合能力，使学生在步入社会之前有更多的机会锻炼自己，提高自己的实践能力。让学生参与学院的建设与管理，同时提高学生综合素质，提升学生管理能力，增强学生就业竞争力，同时是贯彻学院"全员育人"工作方针的重要举措。学生助理这个平台在高校现代化治理体系中越来越重要，具有时代感、责任感、优越感、归属感。

（五）自我监控：校园文明督察队

校园文明督察队是一支以学生为主体的管理监督队伍，充分发挥学生自我管理、自我监督的作用。学生督察队工作以"教育教学一体化"协同育人的管理理念为引领，以"职业素养"教育理念为宗旨，按照《大学生日常行为规范》的要求，结合《无锡南洋职业技术学院学生手册》对学生在校执行规范及制度情况进行检查督促。根据"教育教学一体化"协同育人的要求，由学务部牵头，团委组织各二级学院在原有的校园督察队的基础上进行了细化和加强，着重对校园内抽烟现象等不文明行为进行督察。

第七章　新时代民办高职院校协同育人的实践探索

教育部、财政部下发的《关于实施高等学校创新能力提升计划的意见》（以下简称《意见》）里的"重点任务"中，第一条"构建协同创新平台与模式"提到，以人才、学科、科研三位一体的创新能力提升为核心，坚持"高起点、高水准、有特色，充分利用高校已有的基础，汇聚社会多方资源，大力推进高等学校与高校、行业企业、地方政府以及国际社会的深度融合，探索建立适应于不同需求、形式多样的协同创新育人模式"。从《意见》的表述中可以看出，高校、社会组织、地方政府对在校大学生的培养都有不可推卸的责任，也是高校、社会组织、地方政府以人为本、为民服务、创建幸福城市、创建和谐城市的具体表现。如果地方政府、社会组织和区域内高职院校都能参与协同育人，必将推动社会和谐发展。

可见，民办高职院校协同育人的问题，实际是如何整合社会德育资源来促进高职院校教育教学水平的提高，进而提升高职院校学生综合素质的问题。因此，本章从协同育人的必要性与可行性、协同育人的原则与策略、协同育人机制的构成、新时代民办高职院校协同育人的实践探索四节来展开研究。

第一节　协同育人的必要性与可行性

民办高职院校教学整合校外的德育力量实现协同育人，相对校内而言难度更大，阻力更多，但也不是完全没有可操作性的。实现高职院校教学的校外协同育人之所以具有可行性，不仅是由高职教育的特性决定的，也是由产教融合的特点决定的，同时与思政教育的运作有关。

一、教育的社会性对高职院校教学校外协同的要求

教育过程的社会性指的是社会生活的广泛性决定了社会环境信息对受教育者施加影响的广泛性。这种广泛性使受教育者的教育过程和受社会环境信息的影响过程没有时间和空间的距离。[①]

根据马克思主义原理，人的本质是人的真实社会联系，交往作为人与人之间的社会联系，是一种普遍的社会现象。通过这种交往实践，现代社会中的人主要以三种形式与社会的整体结构相联系。一是血缘关系和家庭制度；二是劳动就业形式的劳动关系与社会群体相联系；三是通过信息、能量和物质交换，将社会关系与社会环境联系起来。前两种关系是密切的、连续的和稳定的，而后者是相对松散的、间歇性的和不稳定的。由于家庭成员之间的信息交流总是伴随着成员之间的情感，这使家庭成员之间的信息交流更具兼容性，并且对家庭成员有很大的稳定性和长期影响，因此政治和宗教必须重视家庭教育的作用。而由于社会环境信息无处不在，对社会成员的影响具有随机性、无方向性和不可预测性，这将与高职院校传播的具有较强目的性、计划性、针对性和系统性的信息相冲突。这就要求教师将社会群体和社会环境与家庭教育相结合，整合和配置德育资源以及社会环境和家庭教育中所有的积极影响因素，消除和避免消极影响因素，更紧密地组织高职院校的教学过程。根据教育学揭示的原则，高职院校的教学不能局限于课堂，更不能局限于学校。我们必须主动走出校园，走向社会。只有把家庭教育、企业文化、地方城市文化有机地结合起来，高职院校的教学才能更加生动、扎实。

现代学徒制下的教学任务由学校教师和企业师傅共同承担。学校负责职业素质教育的教师引导学生完成基本理论的学习，而企业师傅则以教学徒的形式手口相传，以职业道德和企业精神的言行传授学生技能。学校教师与企业主人翁的德育教学不是简单的接力交接，而是一种有机的整合对接。因为技能的教学是在实战环境中完成的，最终为了完成企业的生产任务，企业大师对学生的责任和纪律要求是不可或缺的。否则，不仅无法完成任务，还可能造成责任事故。如果做得不好，企业必须承担责任。因此，在道德教育方面，企业管理者应主动承担起对学生进行道德教育的责任，不能对学生松懈。学生和企业应签订校企合作

---

① 张耀灿.思政教育学原理[M].武汉：华中师范大学出版社，1988：127.

协议，形成校企合作关系，学校的教师和领导，以及企业的主人和企业的领导者，形成一个对学生共同负责的责任体，促进双方在育人方面的协调。当然，教师也要珍惜校企合作带来的机遇，努力熟悉企业的运作，了解企业的生产和技术创新，把握企业创新的规律，真正把企业生产的实际案例融入高职院校的教学中。

二、相互满足的需要使高职院校教学校外协同具有可行性

教育和生产是任务、目标各不相同的两大部类，作为教育部门的高职院校，主要是为国家培养合格人才，提高学生的综合素质，让学生毕业后更好地适应社会。而作为产业部门的生产企业，其目标和任务主要是为国家创造物质财富。表面上看，两者各干各的，风马牛不相及。但实际上两者有着密切的联系。企业创造财富是靠人力资源，尤其是靠德才兼备的人才来创造的，离开了人，尤其是离开了具有基本道德素质的人才，企业就一事无成。因此，企业对学校尤其是职业学校有人才技能的需求，更有对人才职业道德的基本要求。而按照满足社会需求或市场需求的原理，作为培养人才的高职院校肯定要培养社会需要的能够提供社会服务、创造社会财富的人才，尤其是为企业培养能够创造社会物质财富的人才。这种相互满足的需要决定了职业教育包括高职院校教学离不开社会，离不开企业，决定了产教融合与校企合作的相互依赖性，也决定了用人单位对学生职业道德教育的期待。换言之，职业教育包括学生的政教离不开社会，尤其是离不开企业，而企业和社会更需要职业教育，需对学生加强职业道德教育。

进一步分析，职业教育与社会的相互依存关系主要体现在两者能否满足对方的需求。这种需求满足实际上是由共同利益的满足所决定的。利益是社会关系的一个范畴，是人的需要在一定社会关系中的具体体现。这种社会关系包括人与人之间、群体与阶级之间的各种的社会关系。在这些社会关系中，最基本的关系是物质利益关系，通常称为利益关系。从某种意义上讲，利益本质上是社会关系中一种现实的需要形式。根据马克思主义利益理论，人类社会发展是在社会基本矛盾的矛盾运动中进行的，即生产力和生产关系、经济基础和上层建筑。社会基本矛盾是社会发展的动力，也是决定社会性质和形式的基础。其中，生产力是社会发展的首要且根本的动力。生产力的发展是由人类物质利益的需要所驱动的，因此，实际上是人类利益，特别是物质利益的需要推动社会生产发展。同样，大学与社会、企业合作、产学研一体化的根本原因是需要促进双方的利益。

人的利益可以分为物质利益和精神利益、经济利益和政治利益、个体利益和群体利益。高校与社会、企业的利益需要主要是两个不同群体的利益需要，既有物质利益，也有精神利益。前者是通过相互合作满足了双方的效益，满足了相互发展的需要，后者表现在共同为社会创造了财富，对社会发展做出了贡献。正是这两类群体利益的一致性，决定了高校，尤其是职业院校与企业、社会能够产生互动，能够长期合作，也是职业院校与企业、社会相互依赖性产生的根本原因。正是这样的基础，决定了民办高职院校的教学与社会的互动具有可行性。一方面，校企合作为职业教育发展奠定了基础；另一方面，职业教育通过实现劳动力生产和再生产促进经济发展。

事实上，任何企业都有许多利益相关者，这些利益相关者相互依存，共同发展。各级高职院校是企业的利益相关者。企业能否有效地处理好与各利益相关者的关系，并与之结成联盟，是企业能否良好生存和可持续发展的重要因素。就企业而言，企业参与职业教育与资本专用性和治理结构密切相关。当然，高职院校与企业、社会利益的一致性并不意味着两者之间不存在矛盾。事实上，这种矛盾是由利益需求满足不一致引起的。就民办高职院校而言，在培养技术技能型人才的过程中存在人才扭曲的风险，即培养的学生不能满足企业的预期目标，不能满足企业和社会的需求。只要人才的规格、数量和质量与社会需求不匹配，就会导致毕业生就业困难。反之，如果企业和社会不及时为学校的人才培养提供方向引导和力量支持，也很难培养出符合企业要求的人才，严重时会造成"人才短缺"。

一直以来，我国制造业体量巨大，但由于缺乏核心技术和高技能人才，长期处于产业链条末端。近年来，我国大力推进传统制造业转型升级，但是面临"设备易得、技工难求"的尴尬局面，特别是民营和中小企业当前招工难，招技术操作工更难。有的岗位后继无人，技术断档，电焊工、数控机床操作工等一些关键技术岗位，尽管有的月工资近万元，但企业依然招不到。有专家指出，这在一定程度上暴露出职业教育与经济转型过程中人才需求不匹配的问题。这就提出了一个严峻的问题：处在经济转型关键期的中国，职业技能教育能否挑起培养经济转型所需大批高技能人才的重担？

要解决这个问题，关键是进一步加强职业技术教育，在产教融合中推进职业技术教育，这就需要树立把服务企业发展作为合作的基本目标，找到双方的利益点，实现共赢。一方面，民办高职院校在合作中要在招生、教育教学模式、办学模式等方面根据企业实际实现变革。另一方面，高职教育在于"高度"。如果没有高校研究和高校文化作为支撑，高职院校就会底气不足，而社会的认同度更会降低。所以，高职院校应该积极做好教师的培训转型，鼓励一线专业教师参与校企合作，并制订好教师"双师"资格培养、输送、职称评定等基本保障准则。

三、未来教育的挑战需要学校与社会各方通力合作

人的需要作为主体的一种机能，不是自我生成、自我发展的，必须依赖于一定的客观物质力量，这就是生产劳动。在需要与生产的关系中，是劳动创造了需要的对象，从而使人的需要得以产生。劳动实践是人的需要得以产生和实现的物质力量。人的需要是通过劳动创造出来并获得满足的，是随着劳动实践水平的提高而不断变化和发展的。在日常生活中，人们需要什么，需要多少，并不以人的主观意志为转移，而是以生产所能提供的物质生活资料的实际品种和数量为基础的。比如，没有机器制造业的发展，就不会有对汽车的需求；没有信息技术的发展，也不会有对手机和网络的需求。事实上，正是生产实践，尤其是科技实践的深入发展，改变了世界的经济和社会生活，推动着职业教育与社会、企业的合作。

2015年8月6日至31日，首个致力于教育领域的创新和创造性行动国家化平台——世界教育创新峰会（简称WISE），专门就"教育如何与现实世界接轨"问题进行调查，采取网上调查方式，覆盖了全球WISE社区149个国家的1 550名成员，包括教师、学生、教育政策制定者以及与WISE在教育改革问题上合作多年的企业人员。调查结果传达了这样的信息：在过去的几十年中，数字革命为许多领域创造了迅猛发展的契机，改变了人们购物、投资、阅读、社交、工作及沟通的方式，但相比之下，教育却没有跟上这一时代步伐。在WISE教育专家最为关切的初等教育和中等教育质量问题上，67%的人认为"差强人意"或"差"，评价"优异"或"很好"的人只有30%。相对来说，他们对高等教育质量评价稍高一些，但认为"优异"或"很好"的也不过49%。最为关键的是，专家们对自己所在国家的教育体制非常不满，只有不到1/3的人认为本国的教育体制在近十年间有所改进。此外，只有12%的专家认为本国的教育体制具有创新性，而认为"极富创新性"的人只占1%。在不断变化的全球就业市场中，缺乏创新性的体制只会让教育裹足不前，甚至停滞倒退。

尤其值得关注的是，WISE专家认为，自己所在国家的高等教育层次缺乏教育和工作之间的联系（校企合作、实习、导师制等）是最大的挑战，选择这个选项的专家比例为62%。当被问到学校与私营企业的理想合作方式时，63%的WISE

专家选择了校企合作、实习和导师项目，这些项目都要求学生与企业之间密切联系。其次，33%的人认为企业应提供工作所需的技能培训，以及对课程内容的指导。另有少部分人提到了资助、贷款和技术支持（15%）、学校教职工与公司职员的合作（14%）、利用社区服务资源（4%）、校友和企业的反馈（1%）、鼓励终身学习（1%）等。

专家们认为，市场和就业环境随着时代发展正在飞速变化，教育发展必须跟上时代的节奏。解决这一问题，首先要对教育有一个更为深入的理解，教育不仅是传统意义上发生在课堂内的知识传授，它与各方都产生着越发密切的联系，连知识本身都变得越来越具有整合性和整体性。为了让学生在毕业后能够高效地胜任工作、在社会获得成功，需要学校、政府、企业和社区各方的通力合作。

进一步的调查也显示了，企业愿意为教育投资，原因在于节省了企业的培训成本，在教育上的投入可以在较大程度上抵销员工培训的成本。如果企业现在不对学生的教育和专业发展给予投入，等到学生进入劳动力市场后，企业的投入就会更多。而许多企业早已对职业发展项目给予了大量投入，随着工作变得越发具有技术性和专业性，未来这项投入只会更多。53%的专家表示，在他们的经历中，企业为员工提供了持续性教育和培训。56%的专家认为，企业在未来十年还会不断加大对教育和培训项目的投入，只有18%的人认为这项投入会变少，19%的人认为这项投入会保持现有水平。不过很多企业开始意识到，企业只要将实习方案制定得当，就会给他们带来工作热情高涨、具备新思维的员工，同时实习生也能获得宝贵的工作经验和难得的培训机会，从而为毕业后工作做好准备。一般而言，正规的高等教育都需要政府的资金支持，而校企合作不仅是一种有益补充，而且有助于毕业生为将来的就业做好准备。有专家认为，学校不能脱离经济环境和社会，企业也不能脱离学校，否则将难以为将来储备人才。为促进校企合作，许多重要工作需要开展，例如实行导师制、制订实习计划、邀请客座讲师、为校企之间的交流寻找新方式等。[①]

明智的专家从调查中得出的结论启示我们，快速发展的社会也给学校教育带来了新的问题和挑战，这也需要学校、政府、企业和社会的共同合作，这意味着高等教育与社会的协同将是一种正常现象。高职院校负责职业素质教育的教师应具备这种思想准备，自觉掌握与校外单位合作的基本技能。当前，我国社会发展正处于历史转型的重要时期，机遇与挑战并存。高职院校职业素质教育课程的教

---

① 孙煦东.直面未来教育五大挑战[N].中国教师报，2016-1-27（3）.

师不仅要加强马克思主义的全面渗透，而且要承担起理论智库的重要任务，要不断夯实中国特色社会主义理论体系的理论基础，服务社会、服务地方，为地方经济社会发展提供智力支持。

四、民办高职院校的育人建设需要借助校外的力量

首先，社会力量参与高职院校的课程建设可以在教学改革、科学研究、社会服务等方面全面提高民办高职院校建设的总体水平，特别是民办高职院校本身的资源缺乏，借助校外的力量可以整体提升教师的教学科研水平。反过来，民办高职院校负责职业素养教育课的教师通过项目合作走进社会、服务社会，也扩大了高职院校教学的社会影响力，提高了马克思主义理论传播的广度与深度。其次，借助校外的力量共同参与高职院校的课程建设，不但给高职院校教学提供了吸纳社会力量的渠道，也给社会力量服务民办高职院校教学提供了条件，有利于教育资源的有效利用，而且通过项目运作，有利于社会德育资源的筹集与共享。

总之，民办高职院校教学协同育人的意义在于：第一，对校外社会组织而言可以更好地承担起培养青年的社会责任；对民办高职院校课程而言，教学资金来源、育人渠道进一步拓宽。第二，实现民办高职院校内部资源整合，打造课程实践教学的精品平台，协调思政教育与教学组织的分工与合作。这有利于改变当前民办高职院校的职业生涯教育课程实践育人水平良莠不齐、观念陈旧无法跟上青年大学生成长需要的局面，有利于改变目前职业生涯教育课程实践育人活动无序开展、活动重复、资源浪费、效果不高的现状。

第二节　协同育人的原则与策略

一、协同育人的原则

前面的内容提到了民办高职院校的育人建设需要借助校外的力量，所以本节将结合这一特点进行说明。实行产教融合，就要以人才培养为纽带，使学校和产

业部门融合为一体，在实施合作的过程中，要求学校主动"适应"，企业则要主动"依靠"，才能使产学合作教育健康发展。这就要求在实施过程中，必须坚持以下原则。

（一）动力原则

管理学的动力原理告诉我们，任何管理都必须有强大的动力，这种动力来自物质动力、精神动力和信息动力，其中，物质动力是根本动力，但精神动力和信息动力可以补偿物质动力的不足。管理就是要促使三种动力和各种管理要素有效地发挥作用，产生强大的合力，使管理持续而有效地进行。同样，要推进课程教学的校外协同，就要找出促进产教融合的动力，找出影响学生职业生涯教育教学产教融合的主要因素，并加以解决，借以推动产学合作教育的顺利开展。比如，产学合作的物质动力就在于学校培育的人才能促进社会的进步，推动企业的发展，尤其是给企业带来效益。在这一点上形成共识，就有了产学合作的动力。又如，观念转变问题是直接影响产学合作动力的另一个重要因素，这就要求校企双方都要端正思想认识，企业不能把人才培养单纯看作学校的事，学校也不能把人才使用看作用人单位的事。校企双方都要以人才培养为纽带，积极参与产学合作，激发起共同为国家经济建设造就全面发展的合格人才的积极性。产学合作教育的本质特征之一就是强调教育过程与使用过程结合，特别是通过产学合作教育的实践教育阶段，使产学双方都能了解人才的培养价值和使用价值两方面的情况，就能避免传统教育只注意人才的培养价值，而较少考虑人才的使用价值的弊端。

（二）互利原则

从字面含义看，互利就是对双方都有好处、都有利益。这实际上是一种利益对等的原则，其前提就是平等相待、相互尊重。在产学合作教育中，互利原则是一个非常重要的原则，违背了这一原则，就难以持久合作。由于学校在产学合作中处于被动地位的情况比较多，因此，学校方面要尽量为企业和合作部门着想，多为企业和合作部门做些实事，不能给合作方造成麻烦。在合作过程中，校企双方都不能以"钱"为中心，但又不能忽视双方的实际利益，这是搞好产学合作教育的核心问题。比如，企业为学校设立奖学金，学校要本着对赞助方负责的态度，切实管理好资金的使用。民办高职院校课程教学要以此为契机，不断强化学生的感恩教育，感恩企业对学校的支持，切实履行对企业的责任，教育学生遵守企业的规章制度。当然，在民办高职院校课程教学的校外协同、校企合作过程中，也有一个互信的问题，企业也应放手让师生参与企业的生产实践，尽到对学生的指导责任。

（三）主动原则

任何工作要有效完成必然会遇到很多困难，经常会受到各种不受控制因素的制约。同样，推行协同育人也会遇到很多的麻烦。人在面对环境、外界条件的时候，应当根据自己的想象力和意志提升积极回应的能力，积极主动地面对环境和外界条件的制约，进行必要的尝试和努力。比如，对民办高职院校而言，虽然名气小、影响力弱，但可以主动走出去宣传推荐自己，也可以通过其他渠道主动承担和接纳项目；借助校外的教育力量实施"特聘教授"制度，不仅政府要主导，学校方面更要积极主动地配合，不能只认为是政府部门的事情。对于民办高职院校而言，只有主动才能赢得机会，被动等待或靠别人送上门是难以成功的。

（四）保障原则

保障机制是为管理活动提供物质和精神条件的机制，其本质是为某项工作的实施提供风险分担与风险管理。在保障机制中，政策保障是促进产学合作的重要条件，离开了政府的政策支持，产学合作也难以持久。因此，要以政府法规和教育行政管理部门制定的政策和相关规定为依托，充分发挥政策法规的导向作用与指导作用。近年来，党和政府越来越重视高校的教育和职业生涯教育课程的建设问题，从机制保障、经费保障、教学保障等多方面为高校课程建设提供了重要的支撑。民办高职院校虽然决策机制不同于公办高校，但通过上级文件的指导以及学校党委的具体运作，同样能起到保障作用。因此，必须以上级的文件为依据，充分发挥民办高职院校党委的政治核心作用，通过党委的推动来发挥政策文件的保障作用。

（五）正能原则

正能原则指的是教学的产学合作、校外协同要建立在科学性、先进性、充满正能量的基础上，坚持社会主义核心价值体系的引领，引导学生践行社会主义核心价值观。教学的校外协同与专业的产学合作既有联系又有区别，共同点是都要按照产学合作教育的要求，按照现代化的要求构建学生的智能结构，处理好学习与实践的关系，始终注意理论与实践的统一，避免以学代干或以干代学的两种倾向，避免急功近利、盲目选择，为合作而合作的做法。不同点在于，专业的产学合作在教学内容上强调及时充实新的科技和生产前沿知识与技术，在合作教育的"伙伴"选择上，应该是培养现代化人才的学校与表明现代化方向的产业部门（生产单位）的双方合作，应该是现代化的教学、科研、生产的有机结合。而职业素养教育类教学的校外协同一定要体现社会主义核心价值观的正能量，要将社会主义核心价值观的渗透贯穿于全过程，要将工匠精神的培育体现在职业素养教学中。

二、协同育人的策略

（一）探索建立起以政府为主导、行业指导、企业参与、学校为主体的高职院校育人教学合作办学机制

首先，要树立资源共享、利益共享的合作理念。企业需要的是道德上靠得住、业务上能做事的人才，是充满正能量的人才，这是企业对民办高职院校的基本要求，也是社会的基本要求。而这也是民办高职院校教学的基本任务，是民办高职院校教学适应产教融合的基本要求。这就要求民办高职院校的教学要充分发挥社会德育人才集聚的优势，对接企业对人才思想道德素质的需求，与企业共同开展职业道德教育的合作，通过校企协同育人实现"双赢"。

其次，要重塑高等职业教育的治理架构。产教融合、校外协同，民办高职院校与合作单位要在互利相帮上形成共鸣，在共同培育人才上形成共识。但又不能局限于院校和企业双方，参与其中的除了政府职能部门，还应包括相关行业机构、社会组织、培训机构等。因此，必须搭建全产业链式的平台。在这个治理架构中，要充分发挥政府部门和企业、学校各自在政策指导、产业规划、经费投入、实训基地、教学管理等方面的优势。

再次，产教融合、校外协同也是对学校内部组织结构的考验。一直以来，高职院校的办学主导权在院一级，系部等二级办学单位仅是执行者。但产教融合、校外协同恰恰使系部一级对行业发展和企业需求有更敏锐的反应。比如，一些院校建立了混合所有制的生产性实训基地，一些二级学院或二级机构还探索了股份制、混合所有制。这些情况表明，高职院校，尤其是民办高职院

校应适当下放办学权力，将办学主体下移，充分激发系部等二级办学单位的活力。

（二）认真探索深化协同育人的新路径

产学研合作教育的实践告诉我们，校外协同是培养创新人才的一种有效教育模式，它以培养学生的综合能力、提高学生的全面素质和增强学生的就业竞争力为重点，充分利用学校与企业等多种不同的教育环境和教育资源以及在人才培养方面的各自优势，把以课堂传授间接知识为主的学校教育与直接获取实际经验、提高实际能力为主的生产实践、科研实践有机结合于学生的培养过程之中。学生在学校以学生的身份进行理论学习，到社会上则以"职业人"的身份参加具有专业背景的岗位工作，知识、能力、身心、性格和情商方面都得到发展。这就要求：一方面，民办高职院校的政教部要与地方人社等职能部门对接，了解国家政策落地、各行业人才缺口情况以及不同行业用人单位对高职院校学生职业素养的要求；另一方面，学校要积极吸收行业专家，尤其是企业人事管理人员进入专业建设指导机构，并通过产教融合平台等了解企业对人才的基本要求。

在校外协同的实现形式上，目前职业院校"校中厂""厂中校"等办学模式取得了较好的效果，但距校企"你离不开我、我离不开你"的一体化办学模式尚有距离。教育部鼓励高职院校将课堂建到产业园区、企业车间等生产一线，为产教融合提供实践场所和示范空间。目前，有的民办高职院校也在探索将职业素养教育教学与专业技能教学融为一体，直接到生产一线去上课，有计划地把讲授职业素养教育的教师，特别是年轻教师送到企业挂职锻炼，提高其实践技能，而这就要求教师要努力成为"双师型"教师，同时要大量聘请行业企业专家、技术骨干担任学校的兼职教师。

此外，在信息化、网络化的条件下，要进一步扩展职业素养教育协同育人的空间，学会运用新媒体技术和大数据，不断创新协同育人的模式。民办高职院校的教学不仅要努力提升校内的教学效果，更应主动走进社区、走进企业，努力推进教育大众化、时代化。

（三）培养教师的主动协同意识与能力

受学科背景的限制，高职院校的一些教师大都缺乏与社会协同的意识与能力，这对于本来就处于被动地位、难以走出校门的民办高职院校来说，更是一个必须解决的问题。首先，学校要提出要求，给予适当压力并创造条件，迫使传授课程的教师及高职辅导员冲破习惯性的、不愿走出书斋的做法，让他们走出校园参与校外协同工作。其次，要有一定的激励机制，倡导和鼓励教师参与服务社区、服务企业的实践活动，激发出他们主动交往、主动沟通的意识与潜能。最后是开展跨界行动，鼓励教师参与校外的专业实践，与专业课教师及企业的管理人员、技术人员和工人师傅等共同组织工匠精神传承活动，学习和借鉴专业课教师及企业的管理人员、技术人员和工人师傅等在技能训练中的德育渗透做法。

第三节　协同育人机制的构成

一、协同育人机制的构成原则

（一）育人原则

高职院校的核心职能是培养复合型、应用型的高技能人才，产学研结合、协同育人的根本目标是培养"又红又专"的人才。因此，必须坚持育人为本，在协同育人中既要重视专业知识、技术能力的培养，更要重视在实践中加强思想道德教育和职业素养的养成，最终达到提高人才培养质量、培养高素质人才的目的。

（二）共赢原则

产教融合、协同育人的基础是合作双方互利共赢，只有参与产教融合、协同育人的各方都受益，这种合作才有坚实的基础，也才有可持续性。因此，构建民办高职院校教学协同育人机制必须坚持互惠互利、优势互补、共同发展的原则，在协同育人的实践中实现互利共赢。

（三）主动原则

现阶段，对实施产教融合、协同育人需求最迫切的是高职院校，尤其是民办高职院校。从直接效果来看，最大的受益者还是学校和学生。换言之，民办高职院校作为协同育人的主导方与主动实施者，应主动适应社会和市场需求，适应企业发展需要，在主动适应过程中提供优质服务。

（四）可行原则

建立民办高职院校教学产教融合、协同育人的机制，无论是其目标，还是要求和措施都应该具有实践性和可操作性。例如，学校组织的思政课实践教学，将学生在校期间所有的教育实践以活动项目的形式参与学时化折算，就是考虑了实践活动在操作中的可行性。

（五）创新原则

构建民办高职院校教学协同育人机制还必须坚持创新的原则，要着力推动创新体系的共同发展，支持和鼓励探索多种形式的融合、协同模式，促进各要素部门之间的相互合作。这种创新主要通过对参与的各主体资源进行优化配置，实现整体与个体的高效性；通过各主体间实施的实时交流，获得更多的技术、信息、资金等资源；通过各主体间资源的共享，促进主体间的交流互动和密切合作。例如，学校课程教学突破了传统的教学由于课堂与校园的局限，实现了理论教学体系与实践教学体系协同育人、校内教育资源与校外教育资源协同育人；尤其是将先知后行、先行后知、知行并进的教育实践以项目实施的形式操作，不仅是育人方式的创新，也是育人机制的创新。

二、协同育人机制的构成策略

（一）依托中央文件建立民办高职院校教学协同育人机制

民办高职院校的党组织和思政教育部门应该按照党中央的要求，认真落实思政课建设的要求，积极推动学校决策层支持教学的协同育人。同时也要相信民办高职院校办学者的政治觉悟，支持他们的工作，赢得他们的信任，同心协力地推进学校的发展。

（二）明确的组织运行机制是实施产教融合、协同育人的基础

民办高职院校应该设立协同育人的组织、管理、协调机构，加强对"产教融

合、协同育人"工作的领导。要把"产教融合、协同育人"作为一项重要内容纳入目标责任制的考核,加强对其指导、协调、监督和服务,统一协调解决问题,保障其顺利开展。而要实现教学协同育人的目标,就必须将课堂教学延伸到课堂以外,融入教学管理、学生工作、校园文化、社会实践等各项工作中,全校一盘棋,紧密协作、相互对接,实现全员育人、全过程育人、全方位育人。不仅如此,还要彼此打通,相互衔接,形成一个渗透于高职教育各方面的工作、贯穿于高职学生成长成才全过程的整体教育体系。

此外,学生的教育不仅仅是个别管理者的责任,还应该是每一位教师和职工的责任。民办高职院校可以结合学校的实际情况,确定一定时期内预期达到的成效,制订一个有机统一的逐层分解的目标体系,然后将其具体落实到每一个部门和岗位,同时每个课程教师也要结合自身岗位的实际情况,制订某时期内要完成的工作目标,进而达到教育的权力、任务、效果、责任落实到人。以信息化管理为推动力,通过各个部门对口成立相应的学生社团,通过发挥社团负责人的指导作用,带动参加学生社团的同学发挥自我教育、自我管理的作用,各取所需,助力自身的发展,使全员育人成为每个教师和职工的自觉行动。

(三)完备合理的考评、反馈机制是形成自我约束、自我规范的内部管理体制和监督制约机制的保障

产教融合、协同育人能否实现,是否具备优秀的考评体系至关重要。新的职业教育目标要求教学的目的是培养高素质人才,这里的高素质有很多是看不见、摸不着的,但它又几乎无时无刻不在影响着每一个人的成才与成功。教学协同育人的重要指标就是学生的态度、学生的精神状态等,这种指标的特殊性决定了考评体系必须体现标准化的评价指标、多元化的评价方式、过程化的评价结果。第一,为了做到公平公正,便于考评,要制定科学可行的评价标准。依据产教融合、协同育人实施内容和形式的不同,制定相应的评价指标,并且要尽量将评价指标量化,让其具有可操作性。第二,要采用多元化的评价方式,包括教师评价、学生自评、学生之间互评等方式,既调动学生的参与意识和积极性,同时又通过多主体多信息的汇总使评价更加真实和客观,还可以综合听取辅导员、班主任、实训基地指导教师、学生实践企业单位的调查意见等。第三,要注重过程性的评价结果。所谓过程性的评价结果不是要将学生的考试、作业作为评价的唯一依据,不能只注重学生调查报告、实践手册等结果,更应该关注的是学生在真实

环境中的感受、体验和反思，将学生在过程中的表现作为重要的衡量依据，对学生参与的整体状况进行更加全面、客观的评价。

（四）构建开放的合作机制是确保教学协同育人机制实施的重要条件

首先，教学协同育人应置身于教育社会化的发展趋势中，将社会化的育人网络作为重点，并以协同创新的价值选择实现以现代化、多元化、互通化、渗透化为特征的育人目标，为实现教学协同育人的可持续发展提供理念引导和行为指导。随着社会与时代的变迁，社会生活领域也发生了深刻的变化，经济成分、利益关系、分配方式和就业方式等越来越多元化。这些变化使原来的自我封闭式的教育模式不再适应时代发展的要求，迫切需要实现学校与社会之间教育的互动融合，而教育社会化的育人网络为教学协同育人提供了协同氛围，是教学协同创新发展的重要实现形式，有助于推进育人创新理念的传播，有助于构筑文明和谐、开放常态的公共文化空间。其次，教学协同育人需要构建大数据思维，体现利益共享、合作共赢、统一开放的发展特质，在协同育人的过程中，应打破部门、区域、机构、学科之间的壁垒和隔阂，强化人才、信息、服务、管理、资源等要素互联互通、配套支持和开放协作。再次，教学协同育人有赖于思政教育系统内部构建多种开放合作机制，以促进系统内人员、信息、资源的交流，具体包括教育部门以及工作者内部的互动交流机制，学生群体内部的沟通互助机制，基于家庭、学校、社会网络的多种教育载体间的开放合作机制，各类教育方法和内容间的协调配合机制等。

三、协同育人机制的构成

按照系统论的解释，机制是指一个系统的组织之间相互作用的过程和方式。按照这个定义，民办高职院校课程教学协同育人机制，是指民办高职院校课程教学这个育人工作系统的组织之间相互作用的过程与方式。这个育人机制的构成大体可分为以下七个方面。

（一）多方受益的动力机制

协同育人的动力机制是指引导、推动民办高职院校课程教学协同育人的源泉机制。根据经济学的理论，供求关系与价值规律是经济社会运行的基本法则，供求关系的矛盾运动是资源优化配置的驱动力量，也是推动民办高职院校课程教学协同育人最基本的动力来源。在民办高职院校人才培育的过程中，社会与学校、学校与企业、学生与企业、学校与学生构成四对供求关系，在这四对供求关系中，其连接点和纽带是人才培养的质量。

从社会与学校的关系看，建设中国特色社会主义需要合格的社会主义建设者和接班人，而政府作为社会的代表，则要为学校与社会的人才共育提供政策支持、宏观指导，并起到调控的作用。

从学校与企业的关系看，企业需要的是能适应其发展需要的结构合理、数量充足、质量优良的技术人才，同时也需要能够帮助企业解决技术与发展中的难题。而学校希望企业提供人才需求信息和依据，为学生提供指导者、就业岗位和顶岗锻炼的场所，为教师提供课题、条件和服务项目。

从学校与学生的关系看，学生需要学校提供优质教育服务，以便将来能顺利就业并实现自己的发展。而学校需要生源，也希望学生通过在校学习为未来的发展打下扎实基础，以此证明学校的实力，获得良好的社会声誉。

这些供求关系，反映了双方的需求，也是人才共育的动力源泉。因此，学校应当树立面向市场、融入社会、开放办学的思想，主动推动产学研结合，实现协同育人。

（二）校企结合的运行机制

协同育人的运行机制，是指高职院校关于职业素养教育的教学与企业和社会需要的匹配及其在时空安排上的高度协调。这个机制包括政府层面和社会层面。从政府层面看，国家已经从宏观层面对校企合作和产学研结合提出了政策性的意见，指明了校企合作、协同育人的方向，地方政府的教育职能部门则按照国家的要求制定可操作的实施方案和细则，成立专门机构，发挥行业的作用，统筹协调，消除障碍，理顺各个主体关系，调动各方积极性。

高校则应根据市场、企业变化建立随时适应、调整的运行机制，以便及时调整办学方向、专业设置和培养目标与人才规格。要建立和健全协同育人的组织机构，成立由行业专家与专业教师组成的专业建设指导委员会，设立校企合作管理中心，制定和修订教学管理制度，共同编制人才培养方案，共同进行课程开发，共同编写校本教材，共同实施人才培养。目前，这方面的工作主要是教务处在代表学校行使职权。让课程方面独立运作的高职院校不多，这也反映出课程教学与社会通过产学研实行协同育人还处在自发阶段，运行机制的建立主要依赖学校领导层面，缺乏自身的主动应对。

（三）校企联评的监控机制

协同育人的监控机制是指监督、检验和评估高职院校课程教学开展效果的机制。与其他各项工作一样，课程教学协同育人也需要建立一套科学的监督、检验、评估机制。目前，这个机制主要与课程建设的机制捆绑，包括政府与学校两个层面。但目前这方面的评估还不是很规范，政府主管部门的力量也有限，如何加强政府和企业对民办高职院校课程建设的监控与评估力度，值得深入探讨。

学校对课程教学的监督与评估主要是通过教务处、督导室来组织的，监控、评估的依据主要是校内专家与学生对课程教学效果的评价，评估的方式主要是期中教学检查与期末测评平均分数。这个评估总体上能反映出教师的教学水平与师德表现，不足之处是对课程教学通过产学研实现协同育人的做法缺乏评估。这是今后应当加强的。比如，企业可以根据学生实习实践的情况，打出学生思想品德、职业道德的评分。

（四）校企联动的激励机制

协同育人的激励机制是指对民办高职院校课程教学协同育人而建立的激励制度。这种激励机制不仅仅是对教师层面和学生层面，也包括参与协同育人的学校、企业、科研院所和政府部门。要建立起政府引导扶持、企业和学校积极参与、行业或有关社会组织协调的协同育人激励机制。要在政策上进行宣传和引导，制定校企合作、协同育人的法规，明确奖惩政策，对参与和支持协同育人的企业减免教育附加费，企业评先、升级优先考虑，对在协同育人中做出突出成绩的企业家和学校领导给予物质奖励或授予荣誉称号。对积极参与协同育人的高职院校教师及辅导员给予教学工作量核算，有突出成绩的给予物质奖励或授予荣誉称号。

（五）校企协同的保障机制

协同育人的保障机制是指政府和学校为深入开展课程教学协同育人而从资金、政策和法规上提供保障的机制。目前，有关职业素养教育课程建设的资金规定及相关政策相继出台，这为高校职业素养教育课程建设提供了强大的保障支撑。但由于民办高职院校办学体制的特殊性，一些课程建设的保障机制有待于进一步落实，这需要政府主管部门进一步关心和支持民办高职院校的课程建设。从协同育人的角度看，还有很多制度需要完善。如政府应设立专门针对职业素养教育课程教学的校企合作、协同育人的专项资金，用于校企合作课题的奖励、实践场所的投入、学生参与实践意外伤害保险的资助、优秀实践教学指导教师的奖励、校企合作课程的开发等。在政策制定方面，政府应制定学生在企业实践的安全保障政策，规定学生在企业或其他部门参与社会实践的过程中双方的职责与义务，督助和检查双方签订安全保障的相关协议。要完善相关保险法规，拓展工伤保险的覆盖范围，将实习生和参与社会实践学生的工伤保险纳入现有的保险法规或者参照工伤保险条例给予照顾。学校和企业或参与协同育人的相关部门要联合组建专门的管理机构，建立协同育人信息交流服务平台，协调校企合作中出现的问题，解决协同育人中信息不对称的问题。

（六）校企协同的责任机制

协同育人的责任机制是针对参与协同育人的各个部门、各个方面提出的责任机制。比如，学校作为校企合作、协同育人的主体，应当承担主动协同的职责，具体负责操作实施的部门应主动加强与企业和社会各方的联系与沟通，及时出台协同育人的操作方案，配合学校和政府主管部门加强对协同育人的检查监控。教师应当强化协同育人意识与服务社会、服务企业的意识，主动承担协同育人的任务，积极参与校企合作，切实完成对学生的指导。学生是协同育人的培养对象，应配合教师完成职业基本素养与基本职业技能的培养任务。企业和有关部门是协同育人的合作者，应承担起参与制订育人计划、共建实践基地的职责。政府主管部门是协同育人的管理部门，应承担起出台政策，鼓励企业和社会各方深度参与职业教育，参与协同育人，支持学校开展协同育人的职责。

（七）校企共享的分享机制

协同育人就是要整合学校和社会的资源，促使双方资源、技术、管理和文化的互动和渗透，实现资源和成果共享。因此，学校应与行业、企业和相关部门与社会组织密切合作，使学校分享社会资源尤其是企业资源，使企业或相关部门实现经济效益或社会效益。如共建实践基地，共同开发有地方特色的校本教材；共建特色校园文化和企业文化，共享文化成果；共建信息交流平台，共享信息资源。分享机制的建立要靠情感的交流和文化的融合，这是确保课程教学协同育人实现持续合作、稳定发展的润滑剂。学校应主动与企业和相关部门建立情感联系与沟通渠道，教师也应多与企业和相关部门进行沟通交流，让对方感受到学校的关注与重视，从而得到社会和企业更多的支持。

第四节　新时代民办高职院校协同育人的实践探索

构建教学、学工、行政三方协同的教育教学一体化育人平台，促进三方力量的融入、融合、融通，是学校治理体系和治理能力现代化的重要举措之一。这里以无锡南洋职业技术学院为例进行具体的实践探索分析。

无锡南洋职业技术学院开展职业素养教育，实施教育教学一体化育人以来，在理论研究、思想引领、组织机构设置、人才培养方案设计、课程化（活动）学分化管理、素养教育内涵建设、教学学务行政齐抓共管等方面取得了显著成效，人才培养质量显著提升，职业素养教育特色逐渐显现。

一、总体要求

（一）指导思想

以习近平新时代中国特色社会主义思想为指导，坚持党的领导，坚持社会主义办学方向，贯彻党的教育方针和国家职业教育改革实施方案，牢牢抓住立德树人这个根本和人才培养这个核心，紧跟高职教育教学改革发展的趋势和步伐，遵循高职人才培养规律和学生成长成才规律，深化职业素养教育改革，健全职业素养教育体系和工作机制，统筹发挥教学、学工、行政的作用，形成可持续的职业素养教育良好生态，培养更多职业素养高、综合素质好、技术技能强的高职人才。

（二）总体目标

经过努力，形成体现职业素养教育特色的人才培养方案和体现专业特色的职业素养教育方案，建立系统化、科学化、规范化的工作机制和管理制度，打造一批职业素养教育品牌项目，把学校建设成为职业素养教育范围里国内有影响、省内一流的特色高职院校。

（三）基本原则

坚持以行为习惯教育为基础，以职业素养教育为核心。要继续开展学生生活习惯、身心健康、学习态度、遵规守纪、安全意识、环保意识、文明礼仪等基础文明养成方面的教育，为有效开展职业素养教育奠定基础。要牢牢抓住职业素养教育这个核心，从培养职业人的目的出发，深入分析和进一步明确行业、企业、就业岗位应具备的职业素养，开展具有针对性的职业素养教育。

坚持以职业素养教育为核心，以一体化育人为平台。教师的专业教学、学工人员的思政教育、行政人员的服务与监督构成了教育教学一体化育人的平台，学生职业素养教育是在这一平台上实现的，要搭建好、对接好这一平台，唱好职业素养教育大戏。

坚持全面系统设计科学规范，遵循规律突出教育特色。职业素养教育是一项系统工程，必须对目标、课程（活动）、考核标准、组织管理等进行全面系统设计，确保必要、可行、有效，使其科学化、规范化。要遵循职业教育、技术技能人才成长和学生身心发展规律，处理好公共素养和职业素养的关系。要依据就业岗位人才特质，开展针对专业（群）职业素养教育，进行教育内容创新、组织形式创新、培养模式创新，形成各具特色的职业素养教育。

坚持职业素养和职业技能双螺旋递进，强化工作组织协调管理。要处理好职业素养教育和职业技能培养两者相融并济的关系，充分发挥职业素养对提高钻研职业技能信心的作用，发挥职业技能训练对职业素养培养的媒介作用，使职业教育中的职业素养和职业技能两条主线相伴、相容、相生、相长，螺旋递进式上升。要通过方案设计、组织协调、监督管理，确保职业素养教育工作扎实有效开展。

坚持完善工作机制管理制度，持续改进职业素养教育。要进一步明确各部门、各教学单位、各岗位人员有关职业素养职责，建立职责分工明确、组织协调顺畅、相互协作有效的工作机制。要进一步完善学校和二级单位有关职业素养教育的规章制度，积极开展职业素养教育专项评估诊改工作，推动一体化育人的职业教育可持续发展。

坚持理论研究与实践相结合，加强成果凝练展示宣传。要充分发挥理论对实践的指导作用，结合职业素养教育的实际开展实证性较强的理论研究。要加大实践成果总结凝练的力度，积极开展多种形式展示活动，积极在各种媒体上宣传职业素养教育成果，彰显学校职业素养教育的特色。

二、主要措施和特色

（一）统一思想，提高认识

明确了职业素养教育的内涵与重点。职业素养是一个人在职业过程中表现出来的综合品质，具体表现为一个人的角色定位、价值观、态度、自我形象、个性、品质、内驱力、社会动机，等等，是一个人职业生涯成败的关键因素。职业素养的内涵比较丰富，但从培养职业人的角度观察，职业素养的重点可以概括为职业态度、职业规范、职业道德、敬业精神四个方面。学院职业素养教育聚焦重点，防止泛化和混淆职业素养和职业技能。

认识到开展职业素养教育的重要性、紧迫性。教育是国之大计、党之大计。培养什么人，是教育的首要问题。培养社会主义建设者和接班人是教育工作的根本任务，培养职业素养高、综合素质好、技术技能强的高职人才，是高职院校的教育使命。当前，在高职办学中"重知识轻技能、重技能轻素质、重素质轻素养"的现象仍然存在，企业所呼唤的高素养职业人才仍然是高职教育的短板。从中华民族伟大复兴的大局出发，重视和加强高职教育的职业素养教育已成为高职教育深化改革刻不容缓的重要任务之一。

开展职业素养教育、构建一体化育人平台是学院实施"三全育人"的重要举措。坚持全员、全过程和全方位育人是党中央和国务院对高等院校的要求，教育部办公厅《关于开展"三全育人"综合改革试点工作的通知》中明确了课程育人、科研育人、实践育人、文化育人、网络育人、心理育人、管理育人、服务育人、资助育人、组织育人等"十大育人"体系，学院开展的以思政教育为引领的职业素养教育通过"教学、学工、行政"三方协同全面融入"十大育人"体系之中。

（4）开展职业素养教育、构建一体化育人平台是学院强化思政教育的创新举措。在继续开展第一课堂思政课程教学改革的基础上，开拓思路、创新方法，拓展思政教育新途径，强化意识形态管理。在文化课程、专业课程、实训课程，项目活动中，挖掘体现思政教育的元素，充分发挥各种课程、各项活动对思想、规范、道德、价值观的潜移默化作用。通过教师、教学管理干部、思政干部、行政干部转变观念，创新工作方式方法，实现教学、管理、服务与思政教育的融合。

（5）教育教学一体化育人平台是实现治理体系和治理能力现代化的重要措

施。党的十九届四中全会提出，要坚持和完善中国特色社会主义制度、推进国家治理体系和治理能力现代化。学院开展职业素养教育，完善组织机构、相关制度建设和组织形式，完善运行机制，完善决策和支持、反馈系统，提高队伍的理论水平与工作能力，构建教学、学工、行政三方协同的教育教学一体化育人平台，促进三方力量的融入、融合、融通，是贯彻落实十九届四中全会精神，推荐学校治理体系和治理能力现代化的重要举措之一。

（6）开展职业素养教育、构建一体化育人平台是学院特色发展的重要举措。以改革创新为动力、以办学质量求生存、以品牌特色求发展已成为办学者的共识。学院开展的职业素养教育已经有10年的经验积累，特别是在理念上形成时间早、实践操作时间长，已经超越了一直占主导地位的"能力本位、素质本位、素能本位"理念，形成了较为系统化的职业素养教育体系和运行规程，取得了一系列的成效。持续有效地开展职业素养教育，打造教育品牌，形成鲜明特色，是我校特色发展的重要途径。

（二）加强师德，提升素养

高度重视教师师德素养。教师是学生职业素养教育的主体，教师的师德素养影响着学生世界观、人生观、价值观的养成，决定着职业素养教育质量乃至人才培养的质量。学院按照习近平总书记提出的"有理想信念、有道德情操、有扎实学识、有仁爱之心"好教师标准，认真贯彻落实《中共中央国务院关于全面深化新时代教师队伍建设改革的意见》《教育部关于建立健全高校师德建设长效机制的意见》《新时代高校教师职业行为十项准则》《江苏省高校教师师德失范行为处理办法（试行）》，严格执行《无锡南洋职业技术学院师德师风负面清单和失范行为处理办法》《无锡南洋职业技术学院教学规范与教师职责》，建立教育、宣传、考核、监督与奖惩相结合的学校师德素养建设工作机制。

加强教师师德素养培育。教师师德素养教育要摆在学校教师培养首位，贯穿高校教师职业生涯全过程。坚持价值引领，促进教师带头培育和践行社会主义核心价值观。坚持师德为上，创新师德素养教育，引导教师树立崇高理想，培育高尚道德情操。青年教师入职培训要开设师德素养教育专题，将师德素养教育作为优秀教师团队培养，专业带头人、骨干教师培育的重要内容。加强师德素养宣传，培育重德养品良好风尚。

加强教师师德素养考核。强化师德素养监督，有效防止师德失范行为。要完善、建立学院和各二级学院（部）师德师风考核制度，建立信息收集、评判、反馈、奖惩机制，把师德素养表现作为评奖评优的首要条件。严格师德惩处，发挥制度规范约束作用。

增强教师提升职业素养的自觉性。将师德修养自觉纳入职业生涯规划，明确师德发展目标。通过自主学习、自我改进，将师德规范转化为稳定的内在信念和行为品质。将师德规范积极主动地融入教育教学、科学研究和服务社会的实践中，提高师德素养践行能力。弘扬重内省、重慎独的优良传统，在细微处见师德显素养，在日常生活中守师德提素养，养成师德素养自律习惯。

（三）优化方案，科学规范

优化人才培养方案。将职业素养教育融入人才培养方案，根据专业人才特质和职业领域要求的职业态度、职业规范、职业道德、敬业精神，科学设计职业素养公共选修课、早晚课程、活动项目，规范课程名称，继续实行课程化学分化管理。

完善职业素养教育方案。对接人才培养方案，进一步加强"五个设计"，即人才培养目标和职业教育目标设计、课程（项目活动）体系设计、课程标准（项目活动方案）设计、教学（项目活动组织）过程设计与考核体系设计，使各专业（群）职业素养教育的目标更加细化和明确、课程（项目活动）体系更加完备、课程标准更加准确、过程设计更加可行、考核评价更加科学。

（四）改革创新，创建品牌

加大职业素养教育改革力度。聚焦职业态度、职业规范、职业道德、敬业精神培养，进一步改革职业素养教育课程（活动）内容、评价方式和标准；推进早晚课的课堂革命，积极探索职业素养教育的形式创新、模式创新、方法手段创新、组织管理创新，充分发挥教师的指导监督评价作用和学生的主体能动作用，增强早晚课的针对性、兴趣性、有效性，探索试行学生职业素养教育台账记录和信息化管理。

推进职业素养教育"一院一品"建设。完善各二级学院体现专业人才特质的职业素养教育训导词语，做到精炼准确、内涵深刻。挖掘职业素养教育的优秀案例，制定品牌职业素养教育和优秀案例评价标准，适时开展品牌和优秀案例的验收、评选、推介等活动。

（五）资源开发，打造精品

强化职业素养教育载体建设。加大职业素养教育公共选修课课程资源开发与建设力度，积极研编职业素养教育的相关教材，完善相应的课程标准，科学设计系列的职业素养教育活动项目，增强职业素养教育课程教学设计针对性、规范性、有效性。

开展职业素养教育精品资源建设。推动职业素养教育相关课程申报校、市、省级精品课程或在线开放课程；鼓励和支持职业素养教育的教材申报省级精品教材；鼓励和支持教师的职业素养教育教学设计参加学校和省级教学能力竞赛；鼓励和支持二级学院探索建设职业素养教育资源库。

（六）创设指标，科学考评

紧紧围绕基础文明养成教育和专业（群）职业素养教育创设科学的日常监测和最终成效考核指标体系。通过监测学生的成长成才过程记录，针对学生个体的不同基础和实际情况进行分类考核，既有基础文明行为方面考核，也有课程（活动）等职业素养方面的考核，做到科学考评。要将学生满意度、教师满意度、家长满意度、用人单位满意度等纳入最终工作成效的考核范围。

（七）组织落实，三全育人

增强"三堂"融合度。职业素养教育要从时间上、内容上、管理上实现第一、第二、第三课堂的有机融合，企业文化融入专业课程培养，工匠精神融入职业技能培育，将德育、美育和课堂教学、职业技能训练有机融合。第一课堂发挥职业素养教育主阵地的作用，积极构建"思政课程＋课程思政""专业课程＋职业素养"大格局，强化专业课教师立德树人、德技并修的意识。结合不同专业人才培养特点和专业能力素养要求，认真梳理每一门课程蕴含的思政教育元素和职业素养教育元素，发挥专业课程承载的思政和职业素养教育功能，推动专业课教学与思政教育及职业素养教育紧密结合、同向同行。引导学生养成严谨专注、敬业专业、精益求精和追求卓越的品质，实现职业技能和职业精神培养高度融合。第二课堂针对职业素养教育的目标，大力实施"以文化人"，对接第一课堂开展丰富多彩的校园文化活动和主题教育。第三课堂积极推进以学徒、顶岗实习、志愿服务为途径的职业素养培养实践，加强学生专业精神、职业精神和工匠精神的培养。

实施"三主体"联合、跨界开放协作。实施学校（教师）、企业（师傅）、家庭（亲人）三主体共同教育培养学生的职业素养，充分发挥合力作用。创新现代学徒制教育的内涵、途径、方法，鼓励和支持跨界复合的职业素养教育、院院合作的职业素养教育、校企合作的职业素养教育、师生角色互换的职业素养教育，形成开放式和协作式的职业素养教育新格局。

加强"三方协同"一体化育人工作。认真做好教学工作、学生管理工作、行政管理工作的有机融合，教师教书育人、辅导员班主任管理育人、行政人员服务育人有机融合，推动全员、全过程、全方位开展职业素养教育工作，把教育教学一体化育人落到实处。

（八）他律自律，促进成长

强化行为习惯养成制度约束。教学、学工、行政三管齐下，加大对学生执行"三大纪律五项注意""校园两规范一禁令""校园文明礼仪十六条"的监督检查力度，促进学生即知即改，以制度的约束力和检查督促的推动力促进学生形成良好的行为习惯，为开展有针对性的职业素养教育奠定基础。积极探索运用科学有效的管理手段，进一步完善和贯彻执行《班级量化监测办法》，全面推进精细学生管理。

完善学生自主自治管理体系。强化学生自我管理的主体意识，提高学生对增强自身修养的重要性认识，充分发挥广大学生在文明习惯养成中的主观能动作用，增强积极性、主动性和自觉性。充分发挥学生党员、团员和入党积极分子的先锋模范和示范带动作用。进一步完善宿舍自治、学风自治、学生干部助理岗及校园文明督察岗等自律管理体系，更好地发挥各种组织的作用。

围绕"五维"开展职业素养教育。学工人员要继续在"价值滋养、文化濡养、身心调养、品行涵养、生活给养"五个维度上开展职业素养教育，设计和做好主题教育项目活动，进一步提高主题班会效果。加强对学生的社会主义核心价值观和校园文明礼仪规范教育，使其内化于心、外化于行。指导和帮助学生做好职业生涯规划，引导学生参与不同阶段的养成行动计划。积极开展学生创新创业教育和实践活动，持续开展"三创一做"，强化班级、宿舍、文化等基础建设，实施全员、全过程和全方位育人，促进学生成长成才。

（九）理论研究，宣传展示

开展职业素养教育理论研究。结合职业素养教育实践中所遇到的重点和难点问题开展研究，设立校级职业素养教育教改专项，鼓励和支持教师发表相关论文，申报各级课题，实行重要和重大课题委托制立项研究。设立专门的校级党建与思政教育立项，为提高学工和行政人员理论水平，指导工作实践能力创造条件。

加强成果凝练与展示。在学校和各二级单位等多个层面上及教学、学工、行政三条线上，认真总结凝练职业素养教育和一体化协同育人的经验与成果，积极申报省级和国家级高校校园文化建设优秀成果，积极申报校、市、省级教学成果。在校级教学成果奖中设立职业素养教育与教育教学一体化育人专项，为成果培育、扩大社会影响、申报更高等级的奖项奠定基础。加大职业素养教育成果的宣传展示力度，在做好校内定期宣传展示的基础上，重点强化校际交流、上级党政机构推送、各种媒体的宣传展示。进一步提升成果宣传展示的层次，扩大和提升我校职业素养教育的影响面和影响力。

（十）完善制度，健全机制

职业素养教育制度建设工作。建立完善的职业素养教育制度体系，认真梳理现有的有关职业素养教育制度，做好学校和二级学院有关职业素养教育制度的废、改、立、释工作，强化制度的约束力和执行力。

建立健全职业素养教育工作机制。学校各级领导高度重视职业素养教育工作，学校把职业素养教育工作纳入学校发展规划和年度工作计划，二级学院把职业素养教育纳入专业建设规划和工作计划。做到职业素养教育和党的建设工作、意识形态工作有机结合，做到党建引领、相互促进。充分发挥学生职业素养培养指导委员会的指导作用，定期召开会议，加强宏观指导。适时召开教学、学工、行政有关职业素养教育的联席会议，解决职业素养教育工作中出现的新问题和重点、难点问题，形成良好的教育教学一体化育人运行机制。将职业素养教育工作绩效纳入各部门工作目标和绩效考核范围、纳入教师个人职称职务晋升和评奖评优范围，进一步加强教务质控部门对职业素养教育工作的监督力度，定期开展专项评估，督促诊改。

参 考 文 献

[1] 曹海英，刘春霞. 高职院校开展学校社会工作的体系构建[J]. 学理论，2013（27）：112-114.

[2] 陈佩. "微时代"下高职院校学生管理工作创新研究[D]. 长沙：湖南师范大学，2016.

[3] 郭贤锋. 高职院校"以人为本"学生管理工作研究[D]. 长沙：中南大学，2012.

[4] 郭政华，姚天魁，汪琦，等. 社会主义核心价值观融入高职院校学生工作实践研究[J]. 杨凌职业技术学院学报，2022，21（1）：35-38.

[5] 国家中长期教育改革和发展规划纲要（2010—2020年）〔EB/OL〕. 中央政府门户网站. http://www.gov.cn.2010-07-29.

[6] 哈肯. 协同学：大自然的奥秘[M]. 凌复华，译. 上海：上海译文出版社，1995.

[7] 胡卫.民办教育的发展与规范[M].北京：教育科学出版社，2000：2.

[8] 黄红霞.中美高校学生事务管理比较研究[D].武汉：华中师范大学，2006：40.

[9] 景娟娟. 高职院校学生工作管理新模式：茶文化融入精细化管理[J]. 教育现代化，2019，6（74）：248-250.

[10] 匡瑛.比较高等职业教育：发展与变革[M].上海：上海教育出版社，2004：168.

[11] 李东阳. 高职院校学生管理工作存在的问题及其对策[J]. 吉林省经济管理干部学院学报，2014，28（3）：83-86.

[12] 李迎新. 探索新时期学生工作的新思路、新方法、新途径[J]. 陕西师范大学学报：哲学社会科学版，2003，5（32）：264-267.

[13] 刘汉良.树立先进办学理念，促进学校和谐发展[J].中小学校长，2013（5）：19-20.

[14] 卢思桥．健全高职院校思政教育保障机制研究[D]．南宁：广西民族大学，2016．

[15] 鲁昕．贯彻落实教育规划纲要，推动职业教育协调发展[EB/OL]．教育部门户网站．http://www.moe.edu.cn/2011-5-16.

[16] 马浩然．高职院校创新创业人才培养与高职学生工作发展研究[J]．造纸装备及材料，2021，50（10）：139-140．

[17] 马克思主义基本原理概论编写组.马克思主义基本原理概论[M].北京：高等教育出版社，2015：65．

[18] 单作民．校企合作背景下高职学生管理制度变革研究[D]．南京：南京师范大学，2014．

[19] 孙煦东．直面未来教育五大挑战[N]．中国教师报，2016-1-27（3）．

[20] 王利明．高等职业教育教学评价理论、评价体系与评价技术[M]．北京：中国轻工业出版社，2011．

[21] 王楠．机械制图课程思政案例探索研究[J]．时代汽车，2022（13）：54-56．

[22] 王淼，王明珠，陈芳，等．疫情背景下高职院校学生工作信息化的现状与策略——江苏农牧科技职业学院教师视角[J]．科技视界，2021（9）：182-184．

[23] 温斌．生本管理视角下高职院校学生教育管理工作实践研究[D]．石家庄：河北师范大学，2013．

[24] 吴国建.谈高职生自我管理能力的培养[J].中国成人教育，2008（4）：84-85．

[25] 吴志宏，冯大鸣，周嘉方.新编教育管理学[M].上海：华东师范大学出版社，2000：4．

[26] 肖波．新媒体视域下高职院校学生管理工作研究[D]．广州：广东技术师范学院，2017．

[27] 谢锦权．民办高职院校学生工作创新研究[D]．广州：华南理工大学，2014．

[28] 邢永富.教育公益性原则略论[J].北京师范大学学报：人文社会科学版，2001（2）：50-54．

[29] 易善安.高职院校二级管理中的问题及对策研究[D].上海：华东师范大学，2007．

[30] 游敏惠.美国高职学生事务管理研究[D].重庆：西南大学，2008：35-40．

[31] 张建琴.建立高职院校二级管理体制下学生工作机制的初探[J].考试周刊，2008（7）：154-155．

[32] 张伟.浅析注册入学下民办高职院校学生自我管理能力培养[J].才智，2016（21）：103．

[33] 张耀灿. 思政教育学原理[M]. 武汉：华中师范大学出版社，1988.

[34] 郑祥福，王琨，王朝增，等.马克思主义哲学教程[M].上海：生活·读书·新知三联书店，2001：254.

[35] 中共中央马克思恩格斯列宁斯大林著作编译局.马克思恩格斯选集（第3卷）[M].北京：人民出版社，1995.

[36] 周川.高等教育学[M].南京：南京师范大学出版社，2015：79.

[37] 周肖兴，张宝灵. 民办高职"二元思维"视阈的治校研究[M]. 南京：南京大学出版社，2018.

[38] 宗林莉. 地方高职院校分层次学生管理研究[D]. 武汉：华中师范大学，2015.

后　记

在学院办学25周年之际，学院院长周肖兴教授建议我总结回顾我们学生工作的经验与特色，完成《新时代民办高职院校学生工作体系构建》一书，并给予了具体的工作指导。

与传统研究和阐述高校学生工作的著作不同的是，本书除了学术研究和理论研讨之外，还将具体内容落实到无锡南洋职业技术学院实际开展过的学生工作之中，通过"思想引领、价值驱动"倡导职业素养培养，让学生具备良好的责任意识和行为习惯；通过"创新理念、畅通机制"推动学生管理工作转型提质，构建八大学生工作质量体系，助力学生成长成人成才；通过"协同育人、精准发力"形成一体化育人工作格局，凝聚创新合力，探索实践"五位一体"的学生管理模式。这些包含了学生工作思想理念、体系大纲和工作措施，凝聚了全院南洋学工人的集体智慧。

无锡南洋职业技术学院办学25周年以来，特别近10年时光不过倏忽一瞬，却是学院人才培养的"高亮时刻"。回顾学生工作取得的成果，我们无比自豪，这些成绩是在学院党政正确领导下取得的，是在学院一体化育人环境下各部门通力协作下取得的，是在全体学工人齐心协力兢兢业业中取得的。在此，我衷心感谢学院各位领导对学生工作给予的指导和关心，感谢学工线同志们无私的奉献和不懈的努力。

立德树人，任重而道远，唯有坚守，方得始终。

张义俊

2022年7月